苏东坡传

张婷婷———

著

人生如逆旅　我亦是行人

哈尔滨出版社
HARBIN PUBLISHING HOUSE

图书在版编目 (CIP) 数据

苏东坡传 / 张婷婷著 . -- 哈尔滨 : 哈尔滨出版社，
2024. 11. -- ISBN 978-7-5484-8014-3

Ⅰ . K825.6

中国国家版本馆 CIP 数据核字第 2024TG6862 号

书　　名：**苏东坡传**
SUDONGPO ZHUAN

作　　者：张婷婷　著
责任编辑：赵宏佳
封面设计：周　飞
内文排版：张艳中

出版发行：哈尔滨出版社（Harbin Publishing House）
社　　址：哈尔滨市香坊区泰山路 82-9 号　　邮编：150090
经　　销：全国新华书店
印　　刷：三河市刚利印务有限公司
网　　址：www.hrbcbs.com
E-mail：hrbcbs@yeah.net
编辑版权热线：（0451）87900271　87900272
销售热线：（0451）87900202　87900203

开　　本：880mm×1230mm　1/32　　印张：7.5　　字数：200 千字
版　　次：2024 年 11 月第 1 版
印　　次：2024 年 11 月第 1 次印刷
书　　号：ISBN 978-7-5484-8014-3
定　　价：42.00 元

凡购本社图书发现印装错误，请与本社印制部联系调换。
服务热线：（0451）87900279

序

一提起东坡先生，很多人会想到"大江东去，浪淘尽，千古风流人物"的豪迈与洒脱。

没错，东坡先生开创了豪放派，引领了诗词风格的新走向，让词的内容不断拓展，意境和品位也迈上了新高度，展现了大格局。

然而，豪放词并不能代表东坡居士所有的光辉。先生的人生经历极其坎坷，嬉笑怒骂皆成文章；先生的内心世界极其丰富，万事万物皆可入诗。正因如此，他创作出的诗词也风格迥异，各有千秋。

豪放词是特色，超凡脱俗，酣畅淋漓，恣肆汪洋，荡漾浩然之气；

婉约词更清新，柔而不俗，华而不艳，美而不淫，别有一番风流；

哲理诗含隽永，短小精悍，通俗易懂，耐人寻味，凸显人生智慧。

漫步于东坡先生的诗词之中，你会敬其"老夫聊发少年狂"的豪气，叹其"十年生死两茫茫，不思量，自难忘"的痴情，笑其"一片懒心双懒脚，好教闲处着"的摆烂，怜其"敲门都不应，倚仗听江声"的无奈，悲其"世事一场大梦，人生几度秋凉"的坎坷，赞其"此心安处是吾乡"的洒脱……

原来，先生既是铁血硬汉也是多情暖男，也会多愁善感，也知躺平佛系，也常借酒浇愁，也爱花前月下，也动过凡人心，减过英雄气，流过离人泪，埋下红尘怨。

王国维说："一切景语皆情语。"东坡先生的诗词亦然，字里行间饱含着他复杂多变的思想，闪烁着笑与泪交错的光芒。

头顶大宋"百年第一"光环的东坡先生，一直在理想的琼楼玉宇和现实的人间烟火之间犹豫徘徊，像一只孤鸿四海飘零，在寒夜中举杯邀明月，独守着寂寞沙洲冷。

而先生向来是一个乐观达人，梦醒之后就把一切烦忧抛在脑后，又继续且陶陶、乐尽天真，一笑作春温。

人生在世，总会遇到各种不如意和不容易，此事古难全。

处于现今社会的我们，也常被生活、工作中的种种压力困扰，陷入精神内耗的沼泽，焦虑、烦躁、苦恼，却又难以自拔。

与其苦苦纠缠不休，不妨读一读东坡先生的诗词，它就像一束光，会帮你找到解脱的出口。

人生短暂，不过几十年，何必整日愁眉苦脸，怨天尤人。东坡先生告诉我们一个笑口常开的秘诀——万事从来风过耳，不必挂念在心头。

眉间放一尺宽，看淡世事浮华，天地自然就广阔与明朗了。

不开心时，我们可效仿东坡先生，或与朋友小聚，开怀畅饮，倾诉内心的不痛快；或游山玩水，漫步田园，观"山雨萧萧过"，听"溪风浏浏清"。

即使无人相伴也没关系，一个人也可看书、观影、唱歌、弹琴、运动、冥想，尽享孤独的自由与快乐。

别人看不起你也无所谓，亲友不理解你也不要太计较。时间是治愈一切的良药，把自己活好才是最重要的。

人生如逆旅，我亦是行人。

东坡先生一生颠沛流离，命运多舛，却能随遇而安，知足常乐。我们整日也在不断地忙碌与奔波，只要活在当下，心向阳光，一样可以让苟且变得浪漫与温暖。

愿先生的光，照亮我们的世界，看大江东去，迎清风徐来！

目录

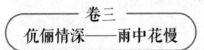

卷二
手足义——更结来生未了因

卷三
伉俪情深——雨中花慢

卷四
长亭外——不应回首，为我沾衣

卷五

宦海沉浮——此心安处是吾乡

卷一　桑梓情——月朗千里照平沙

少年白马醉春风，策马扬鞭向天涯。

追梦的路上，纵有豪情万丈，雄心千里，

他也忍不住再回首家乡的方向，忘不了峨

眉山水秀，月夜送行舟。

第一章
自视汝与丘执贤

01　我不是神童

在很多人眼中，苏轼应是个神童。

三岁识字，四岁背诗，五六岁出口成章，七八岁妙笔生花，十岁熟读"四书""五经"，十几岁高中进士，名扬天下……

这样的神童历代都有，战国时的甘罗，汉朝时的任延、黄香，南朝的刘孝绰、元嘉，唐朝的杨炯、王勃，宋朝王安石笔下的方仲永等等，个个都是天赋异禀，聪明绝伦。

但是，苏轼并非其中之一。

儿时的苏轼，读书并不容易，他和普通人家的孩子一样贪玩，看书也是一件很头疼的事。苏轼晚年被贬到海南儋州，跌落到人生的至暗时刻，但一想到童年时父亲让他读书的情形，竟还能从梦中惊醒，吓出一身冷汗。

夜　梦

苏轼

七月十三日，至儋州十余日矣，淡然无一事。学道未至，静极生愁，夜梦如此，不免以书自怡。

夜梦嬉游童子如，父师检责惊走书。

计功当毕《春秋》余，今乃始及桓庄初。

怛然悸寤心不舒，起坐有如挂钩鱼。

我生纷纷婴百缘，气固多习独此偏。

弃书事君四十年，仕不顾留书绕缠。

自视汝与丘孰贤，易韦三绝丘犹然，
如我当以犀革编。

　　安静的书房中，一个小男孩儿正坐在书案前埋头苦读。他的脸上流露出紧张和焦急的神情，额头上不知何时早已爬满了密密的细汗。

　　他，就是童年的苏轼。

　　父亲出门之前，曾布置了一项重要的家庭作业——把《春秋》读完。可是父亲前脚刚走，苏轼就拉着弟弟苏辙的小手，跑到园子里放飞自我，很快就把功课抛到了脑后。

　　日暮时分，小苏轼才突然想起父亲留的作业："天啊，我怎么把它给忘了！"于是他又乖乖地坐在书桌前，埋头苦读，突击翻看。《春秋》有一万六千多字，里面有大量生僻字，还有很多晦涩难懂的地方，成人读起来都很吃力，更何况是一个只有十岁左右的孩童。小苏轼目不转睛地看书，却只大体读完了桓公和庄公部分，连三分之一都不到，不由得心急如焚："完了，这回又要吃'竹笋炒肉'了！"

　　这时，门外传来熟悉又匆匆的脚步声，越走越近，越来越清晰。

　　不好，是父亲回来了！

　　苏轼急得就像咬了钩的鱼，不敢说话，不敢乱动，连大气都不敢出。

　　突然他想夺门而逃，没想到竟与父亲迎面撞个满怀。

　　"哦，不！"苏轼睁开眼睛，早已惊出一身冷汗。《春秋》不知何时已掉到床下。原来，这只是一场梦！

　　六十多岁还能梦到童年读书时的悲惨一幕，求此时苏轼的心理阴影面积。

02　悔不长作多牛翁

　　"池塘边的榕树上，知了在声声叫着夏天；操场边的秋千上，只有蝴蝶停在上面。黑板上老师的粉笔，还在拼命叽叽喳喳写个不停。等待着下课，等待着放学，等待游戏的童年……"

多少 70 后 80 后都是唱着这首罗大佑的《童年》长大的，而苏轼的童年中除了书本功课，也有鸟语花香。他也常在大自然中徜徉，在田野间放羊，多年以后再回忆起那条乡间的小路，夕阳正美，花草正香，牧笛正嘹亮。

书晁说之《考牧图》後

苏轼

我昔在田间，但知羊与牛。
川平牛背稳，如驾百斛舟。
身行无人岸自移，我卧读书牛不知。
前有百尾羊，听我鞭声如鼓鼙。
我鞭不妄发，视其後者而鞭之。
泽中草木长，草长病牛羊。
寻山跨坑谷，腾趠筋骨强。
烟蓑雨笠长林下，老去而今空见画。
世间马耳射东风，悔不长作多牛翁。

"天苍苍，野茫茫，风吹草低见牛羊。"少年苏轼，也喜欢竖着两只总角，着一身布衣，骑着老黄牛，慢慢地走在乡间的小路上。牛的后背很宽厚平坦，一点儿也不觉得颠簸，就像乘坐大船一样，安安稳稳，舒舒服服。

苏轼家里养有一百只羊，每当他放学回来，就拿着小鞭子，骑在牛背上，赶着羊群去山坡吃草，俨然就像一个威风凛凛的大将军，指挥着千军万马呼啸而来，所有的牛羊都是他的军士，都要听从他的指令。如果敢有违抗军令者或私自当逃兵者，就会受到严厉的惩罚——鞭笞。

但苏轼一向喜欢宽以待羊，轻易不会动用军法。而这些小兵也都很听话，乖乖地围在他的身边，有的还故意用柔软的身体去蹭他，宛如他的爱宠。当苏轼让羊群自由活动时，它们就"咩——"

的一声四处散去，欢快地晃动着小尾巴，悠闲地吃着嫩嫩的青草。老黄牛则懒洋洋地卧在草丛中，晒着暖暖的太阳。

苏轼在草丛中玩耍够了，又从口袋里掏出一本书来，趴在软软的草地上，认真地读了起来。有时读得太过痴迷，不仅忘了时间，也忘了牛羊。等他突然想起来时，才发现太阳都快下山了，忙吹起口哨召集军队集合，羊儿们才"咩咩"地唱着，向他慢悠悠地走过来。小苏轼迅速查看数目："全部到齐。列队，我们收兵凯旋！"于是又跨上牛背，带着他的军队，高高兴兴地向家的方向走去。

苏轼小时的梦想，就是守着眉山，守着父母，守着书卷，做一个快乐的放牛娃。可是父母对他期望值太高，希望他能像叔叔一样走上仕途，做一个勤政爱民的好官。

都说"梦想很丰满，现实很骨感"，步入官场的苏轼，才发现其中的错综复杂，各种明争暗斗难以防范。而苏轼又是个心直口快之人，不惧权贵，敢想敢说，得罪了不少同僚，结果一生仕途坎坷，颠沛流离。

晁说之是北宋著名的文学家，二十三岁中进士，二十七岁官至兖州司法参军，因其文章辞藻优美而不浮华，深受苏轼喜爱。而他的哥哥晁补之也是苏轼的弟子，跻身于"苏门四学士"之一。他们三人互为知音，惺惺相惜。

多年以后，饱经沧桑的苏轼看到晁说之作的《考牧图》时，又想起少年放牛时的快乐，感慨万分。他眺望着家乡的方向，不由得一声长叹："我本放牛郎，意气出家乡。一生少功绩，过早鬓如霜。春秋皆虚度，一梦泪千行。"

没有缺憾的人生，是不完满的。

苏轼虽然后悔没有留在家乡做一辈子放牛郎，却因其坎坷的经历而在俗世之中书写了太多的传奇。遗憾尚在，但功绩斐然，彪炳史册。

东坡先生，您的选择没有错！

03 叫板孔夫子

　　爱玩是每个孩子的天性，苏轼也不例外；望子成龙又是天下家长的通病，苏洵亦是如此。

　　苏轼六岁入私塾，八岁正式拜张易简道士为师。家里有严父，学校有名师，苏轼也不敢马虎，他潜心苦读，用心领悟，很快就成为班级顶呱呱的学霸一枚。

夜梦（节选）

苏轼

我生纷纷婴百缘，气固多习独此偏。

弃书事君四十年，仕不顾留书绕缠。

自视汝与丘孰贤，易韦三绝丘犹然，

如我当以犀革编。

　　孔子博学多才，仁厚智慧，被世人誉为"圣人"。

　　晚年的孔老夫子对《周易》爱不释手，一遍又一遍地翻看个不停，连穿竹简的皮绳都被多次翻断，"韦编三绝"的佳话传了几千年。

　　苏轼也一生酷爱读书，忙完公务之余，他一直手不释卷。人们都说："书中自有颜如玉，书中自有黄金屋。"而对于苏轼来说，颜如玉易老，黄金屋易塌，读书更重要的是让一个人气质优雅，境界高远，格局广阔，正如他在《和董传留别》中所言："腹有诗书气自华。"

　　因此，苏轼几十年都嗜书如命，拿起书本废寝忘食，乐此不疲。即使在海南儋州无书可读，他也四处借书抄书，自己编纂书稿，从未停止耕读的脚步。

　　对于孔夫子，苏轼发自内心地表示尊重。"烈士暮年，壮心不已。"已是白头翁的苏轼，又开始在梦醒之后"聊发少年狂"了："孔老夫子，咱二人相比，到底谁更爱读书呢？您当年捆绑竹简用的是熟牛皮，如果换作我的话，那一定要用犀牛皮做的带子，岂不更结实？"

敢向孔圣人叫板，苏东坡也堪称"天下第一狂人"。

都说男人至死是少年，东坡先生就是其中最有代表性的一个。

身临绝境，暮暮穷年，还能被童年阴影惊醒，还能读书读得如痴如醉，还能狂放到敢和孔子叫板。无论遭受多少苦难，他都会将心镜擦拭干净，映射出阳光与彩虹，还有那张真诚又自信的笑脸。

走出半生，归来仍是少年。东坡，一生亦然！

第二章
故乡飘已远

01　贤妻良母

苏轼的梦中不仅有童年，也有故乡。

苏轼的老家在眉州眉山（今四川省眉山市），隶属天府之国，坐落在成都平原的西南部，北接成都，南连乐山，岷江浩浩汤汤地从眉山脚下流过，汇入滚滚不息的长江之中。这里物华天宝，人杰地灵，而苏轼出生后更是有了"眉山出三苏，草木为之枯"的传说。

心理学家西尔斯·罗森伯格曾说过："原生家庭是儿童成长和发展的基础。"苏轼长大后能一鸣惊人，德才兼备，离不开父母从小对他细致而认真的教育和培养。

父亲苏洵比较晚熟，先游历天涯后读书科考，留下了"苏老泉，二十七，始发愤，读书籍"的佳话，也让苏轼从小就懂得了"读万卷书，行万里路"的意义；母亲程氏是大家闺秀，识文断字，通情达理，无论是思想、学习，还是行为习惯等方面，都对苏轼起到了很好的引导作用。

异鹊（节选）

苏轼

昔我先君子，仁孝行于家。

家有五亩园，么凤集桐花。

是时乌与鹊，巢鷇可俯拏。

忆我与诸儿，饲食观群呀。

苏轼儿时，家中的园子里种着许多高大的树木，常引来不少鸟儿在上面栖息。小苏轼放学回来，就喜欢站在树下观瞧，程氏怕小孩子淘气惹祸，就立下家规——所有人都不许捕鸟。苏轼虽然好奇心很强，但也不敢轻举妄动。第二年许多鸟儿都来这里安家，有一些长相特殊的鸟儿，让苏轼记忆犹新。正是母亲的言传身教，让他自幼学会了爱惜弱小、与自然和谐相处的道理。

少年自有凌云志，不负黄河万古流。

嘉祐元年（1056），二十一岁的苏轼和十九岁的苏辙进京赶考，双双金榜题名。在欧阳修的大力推举下，其父苏洵的文章也被士大夫和官员们竞相传诵，父子三人名震京城。

只可惜喜报还没传到家乡，母亲程氏就病重在床，带着深深的遗憾和期盼无奈地离世，享年48岁。

父子三人惊闻噩耗，抱头痛哭。一贯喜欢滔滔不绝的苏轼瞬间变得沉默不语，想起和母亲在一起的点点滴滴，心中波涛汹涌，却又不知流向何处，只能在肺腑之间不断地激荡徘徊，卷起千堆雪，化作万行泪。

02 再见，眉山

1059年十月，守孝三年期满，苏洵父子举家迁往京城，乘着大船顺流南下，经嘉州，过渝州，出三峡，走了两个月的水路才到达了江陵。

嘉州是眉山的别称，离开嘉州，就代表着要离开故土。父子三人心中五味杂陈，从嘉州到楚地60天内共写下百首诗词以抒怀，合称《南行集》。

初发嘉州

苏轼

朝发鼓阗阗，西风猎画旗。

故乡飘已远，往意浩无边。

锦水细不见，蛮江清可怜。

奔腾过佛脚，旷荡造平川。

野市有禅客，钓台寻暮烟。

相期定先到，久立水潺潺。

这一天清早，一家人乘舟出发，沿着岷江向前驶去。但见山如眉黛，水含秋波，远山与江与云与烟连成一片，如梦如织。苏轼看着看着，心中不觉生起一番醉意。

这时，就听到王弗惊喜地说道："快看，大佛！"众人顺着她的手指调转目光，果然看到一尊高大的佛像，依山临水而坐，头顶祥云，双足踏江，十分威严肃穆。

这就是著名的乐山大佛，既是中国最大的摩崖石刻造像，也是世界上最高的弥勒石刻佛像。

乐山大佛在三代工匠的共同修建下，历时90年才完成。它形似弥勒，面色平和，慈眉善目，嘴角微翘，让人看了就觉得很亲切。大佛背山而坐，大渡河、青衣江和岷江三江交汇从它脚下滚滚而过，而它却稳坐在激流之上，神态自若，让路过的人们不再因江水波澜起伏而心慌意乱，相信船只一定可以顺风顺水，平安抵达彼岸。

船行速度很快，苏轼还没来得及仔细观察大佛，船早已驶出了几里之外。三江合流从大佛脚下呼啸而过，浩浩荡荡，一泻千里，冲积成两岸广阔无边的平原。苏轼不禁想起了诗仙笔下的"山随平野尽，江入大荒流"，心中不由得诗兴盎然，脱口而出："奔腾过佛脚，旷荡造平川。"

时间如江水一样飞逝，不知不觉天色已沉，夕阳迈着从容的脚步不疾不徐地向西山的背后走去。几只飞鸟掠过，消失于远处的霞光之中。傍晚时分，炊烟袅袅，远远的村庄里人影散乱，苏轼的目光聚焦在一个亮点上，仔细一看，原来是一个光头和尚。他步履匆匆，四下张望，好像在寻找着什么。

苏辙也发现了此人的与众不同，笑问苏轼："兄长，你猜他在找什么呢？"

苏轼想了想说："要么在找人，要么在找相约的地点。"

果然，和尚在河边找到了一个钓鱼台，他站在那里翘首企足，似乎在寻找友人的身影。

苏辙和兄长相视一笑："看来他是来早了，希望他的朋友快点儿到，不要让他等得太着急哟！"

03　舟中听琴

古人讲究四雅——琴棋书画，苏轼也喜欢抚琴，而此雅好则遗传于他的父亲苏洵。苏洵不善言辞，却精通音律，闲暇时常对月抚琴，仿佛与古今知音共赏。

这一夜，月朗星稀，苏洵饶有兴致地架起古琴，在船上抚了起来。琴声悠扬多变，在风中回荡，苏轼兄弟二人正在说笑，闻此琴声，忙站起身来整理衣服，毕恭毕敬地站在父亲身后，默默地听他弹琴。

舟中听大人弹琴

苏轼

弹琴江浦夜漏永，敛衽窃听独激昂。
风松瀑布已清绝，更爱玉佩声琅珰。
自从郑卫乱雅乐，古器残缺世已忘。
千年寥落独琴在，有如老仙不死阅兴亡。
世人不容独反古，强以新曲求铿锵。
微音淡弄忽变转，数声浮脆如笙簧。
无情枯木今尚尔，何况古意堕渺茫。
江空月出人响绝，夜阑更请弹文王。

自从先秦郑、卫两国的靡靡之风在世间盛行，许多古老的乐器都已经被冷落、淡忘、废弃，甚至失传，只能成为史书上的回忆。

不同的时代有不同的主打歌，而世人也喜欢追求新潮，遗弃古乐，就像周敦颐在《爱莲说》中所言："菊之爱，陶后鲜有闻。莲之爱，同予者何人？牡丹之爱，宜乎众矣！"喜爱菊花和莲花的人不多，许多古乐器和古音也只能化作追忆，在遥远的时空中诉说着曾经的锦瑟华年。

幸运的是古琴能被世人所爱，一直传承至今，不少珍贵的乐曲也能代代流传，真像是不死的神仙，看尽人间得失，唱遍朝代更替。

说起古琴，很多人会联想到嵇康的《广陵散》。嵇康是魏晋时期的"竹林七贤"之一，而《广陵散》则是嵇康的独门绝技，从不外传。后来，嵇康被钟会构陷，遭大将军司马昭杀害。在行刑前，他从容不迫，向兄长嵇喜要来平素最喜欢的古琴，在刑场上弹奏《广陵散》，曲声如泣如诉，让在场的人闻之无不落泪。曲毕，嵇康放下古琴，一声长叹："从前袁准要和我学弹此曲，我每每吝啬，不肯教他，而今我命休矣，《广陵散》也将要在世间失传了。"

《广陵散》的曲调和嵇康的一生一样，铿锵悲壮。但此时，苏轼听父亲弹琴，想到的不是《广陵散》，而是《文王操》。

当年孔子和师襄子学琴，师襄子教给他一首好听的曲子，孔子天天练习，越弹越熟练。当师襄子想要教孔子一首新曲子时，孔子却谦虚地表示自己的技巧、情感等各方面还没有完全领会，于是他一边练习一边琢磨，经过长时间的用心研究和反复弹奏，终于掌握了此曲的精髓，并且感悟出作者就是周文王。师襄子惊喜不已，激动地说："你说得很对，我的老师曾告诉我，这首曲子就是《文王操》啊！"

苏轼听到父亲的琴声，不由得又想起爱民如子的周文王。周文王关心民间疾苦，礼贤下士，是古代"内圣外王"的典型代表。他的美好品质影响了许多后世君王，连武则天都以他为傲，称自己为姬昌后代，追尊他为始祖文皇帝。

苏洵弹完了曲子，什么也没有说，而是默默地看着两个儿子，眼中却又似乎有千言万语。江面空旷如镜，明月高空孤悬，四周万籁俱寂，所有的一切似乎都陷入对琴声的回味、对岁月的思考。

苏轼低下头，对着父亲施礼道："您刚才弹的曲子孩儿已经听懂了，请您再弹一首《文王操》吧！"

夜色如水，苏洵的琴声古远悠长，时而似清风入松林，空谷传响；时而如山间飞瀑，激流荡漾；时而如鸣佩环，清脆悦耳。兄弟二人听得如痴如醉，沉浸其中，仿佛在面对面地聆听文王的教诲。

第三章
酒醒南望隔天涯

01　梦回故园

时光如梭，转眼离开眉山已一月有余，苏轼想起初发嘉州、路过大佛时的情景，不由得又心生感慨：多谢故乡的水、家乡的佛，保我苏家一路平安。想到这里，苏轼忍不住又端起酒杯，一饮而尽。

他喝得并不多，但此情此景，却让他真的醉了。

浣溪沙·山色横侵蘸晕霞
苏轼

山色横侵蘸晕霞，湘川风静吐寒花。远林屋散尚啼鸦。

梦到故园多少路，酒醒南望隔天涯。月明千里照平沙。

船在水上漂，人在画中游。

青山隐隐，浸没在微醺的晚霞中，脸上浮起一抹浅浅的粉红色，像歌女娇羞的笑靥，用琵琶轻遮半面，却又忍不住偷眼观瞧。

遥想杜牧当年，看漫山红遍，层林尽染，索性停车观赏，喜爱得流连忘返，欣喜地叹道："霜叶红于二月花。"

苏轼也想移舟上岸，去访一访青山，探一探丹红，可惜船在水中顺流直下难以靠岸，也只能远远眺望那一片片橙红黄绿。岸边的野花在瑟瑟秋风中不住地摇曳，似乎在向他挥手告别。那是五柳先生最爱的菊，寒蕊轻吐，冷香暗凝，宁可枝头抱香死，何曾吹落北风中。

一群寒鸦哑着嗓子，七嘴八舌地商议着今晚将要在哪里栖息。

那散落在山间林丛中的人家，应该正在吃晚饭吧？苏轼不禁想起自己一家人围坐在炉边，既有粗茶淡饭的香气，也有说说闹闹的温馨，还有临窗听雨的浪漫。看着，想着，忆着，眼前渐渐变得模糊，酒劲儿上来，苏轼醉卧船中，竟又一脚踏上了归家的路。

在梦中，他遇到了祖父。

苏辙曾在《藏书室记》中记述："先君平居不治生业，有田一廛，无衣食之忧。有书数千卷，手缉而校之，以遗子孙。曰：读是，内以治身，外以治人，足矣！此孔氏之遗法也。"

苏轼小时候家里原本丰衣足食，生活水平也称得上"小康"。但他爷爷苏序乐善好施，活生生由富农变成了贫农。

饥荒之年，为了能让大家都吃饱饭，他竟然变卖自己家的土地换钱来接济族人和乡邻，而且不求回报。时间久了，家底被慢慢掏空，日子过得一天比一天紧。但老爷子还是每天都乐呵呵的，拿着自己的酒葫芦来到田间，坐在地上和大家一边聊天一边饮酒，从来不见他为生计而发愁。

苏序虽然没有考取功名，但也喜欢读书。他晚年时疯狂地迷上写诗，还叮嘱子孙后代一定要认真学习："咱们家虽没有万贯家财，却有千卷藏书，可教会你们为人处世的道理，足矣！"

田野里，小苏轼正和祖父一起躺在草丛中看云，忽然听到父亲叫他回家读书。小苏轼再一回头，祖父竟然不见了，急得他到处寻找，大声地呼唤："爷爷，爷爷！"却再也找不到祖父的身影。

一阵凉风吹来，苏轼不禁打了个寒战，猛地睁开眼，发现自己还在船上侧卧。

原来，又是一个梦！

梦中的祖父和故乡一并飘远，就像那身后的峨眉山，再也看不见半点儿踪迹。只有那皎洁的明月，不知何时已升到高空，照得两岸沙如雪，莹莹闪亮……

02　化险为夷

三峡由巫峡、瞿塘峡、西陵峡构成，水势浩荡，惊涛拍岸；水流湍急，快若奔马；暗礁棋布，险象迭生。都说"无限风光在险峰"，苏轼一家人一路上乘风破浪，既见识了三峡的惊涛骇浪，也领略了长江的雄奇壮美。

惊险与刺激同在，诗意与美景共行。

苏轼亲身感悟到三峡的奇险与壮丽，激动不已，幸甚至哉，诗以咏怀。

入峡（节选）

苏轼

入峡初无路，连山忽似龛。
萦纡收浩渺，蹙缩作渊潭。
风过如呼吸，云生似吐含。
坠崖鸣窣窣，垂蔓绿毵毵。
冷翠多崖竹，孤生有石楠。
飞泉飘乱雪，怪石走惊骖。

当船儿初入三峡驶进夔门时，突然发现前面没有路了，连绵起伏的群山，就像一座座巨大的神龛将小船环环包围。江水弯曲迂回，收敛起浩渺层波，聚集在一起的水流，形成深潭寒渊，难以见底。风声呼啸而过，就像是大自然急促的呼吸；云朵时卷时舒，变幻莫测。

悬崖峭壁上，爬满了细长碧绿的藤蔓，就像无数只灵活的小手，在不断地向上或四周蔓延。山谷中风声四起，穿过峭壁的洞穴，发出窸窸窣窣的声音。苍翠的竹子，倔强地在悬崖峭壁的石缝中立稳了脚跟，挺直了腰杆；孤傲的楠木，在瑟瑟秋风中昂着高贵的头颅，仰望苍穹。抬头望去，不远处的悬泉飞流直下，猛烈地击打着下面的岩石，激起千朵万朵洁白的水花，宛若狂舞的乱雪；而山间怪石嶙峋，形态各异，有的就像奔驰的惊骖，似乎就要从山中一跃而出，跳上那高耸的山峦……

苏轼被大自然的鬼斧神工深深折服，但他也知道，这才刚刚入峡，更危险的水路、更壮观的景象都还在后面。

03　险中之险

三峡中最危险的当数西陵峡，滩水最多，水流最急，大峡套小峡，大滩含小滩。而西陵峡下游的新滩，更是险中之险。

新滩又叫青滩，全长约 120 米，看似很短，但水流相当湍急，古人曾形容它是"蜀道青天不可上，横飞白练三千丈"。新滩中间还散落着巨大的礁石堆，有的如豆子一样突出在江面，有的如利刃一般刺破水波，有的则隐于水中，不易发现。

越是秋冬季节的枯水季，滩流越急，过滩就越危险。落差高达两三米，水流速度可达每秒钟 7 米，正如郦道元《三峡》中所言："虽乘奔御风不以疾也。"此水域特别容易发生交通事故，无论大小船只，经过时都战战兢兢，生怕有半点儿闪失，葬身江中。难怪当时盛传着这样两句歌谣："血汗累干船打烂，要过新滩难上难。"

而苏轼一家人经过时正赶上枯水期，一个个也都提心吊胆。远远就看到一大片白色的浪花直击长空，就像用白雪堆积出来的一座城池。浪花凌空飞起，又落入河流之中，激起一朵朵新的浪花。

鱼儿们无法自由跳跃，纷纷四散奔逃，有的浮在水面，有的潜入水底。岸边的鸬鹚也不敢轻易下水，眼睁睁看着猎物在江流中慌乱地游来游去。水鸟们虽然体态轻盈，动作敏捷，可是在如此湍急的水流中捕食，也是一件极危险的事，弄不好一个巨浪打来，鱼儿没捉到，反而让自己葬身水底，所以它们只好站在岸边或盘旋在半空中，不敢轻举妄动。

驾船的人中有一位四十多岁的船工，他戴着斗笠，双手用力地划动着船桨，目不转睛地盯着前方。苏轼小心翼翼靠近他说："老师傅，前面这惊涛骇浪过于凶猛，咱们这船能顺利通过吗？"

船工没有看他，一边划桨一边说："我十岁就和父亲划船渡三峡，十八岁自己独自过江，现在也已行船三十年了。但我仍不敢打包票，因为船能否顺利通过，看技术也要看天意啊！"苏轼一听，在旁边轻轻地点头，又看着其他船工也都一副全神贯注的样子，不敢多言，心中默默祈祷。

"拜托各位了！"苏轼向船工们深施一礼，转身回到舱里安慰妻子和哭闹不停的孩子。船只在风浪中不断摇晃，王弗抱着襁褓里的苏迈不断地安抚，可自己的身体也早已颤抖个不停。苏轼紧紧地搂着妻子和孩子，任凭船只左右摇摆，心里不断地默念："神佛保佑！"

像飞机在空中遇到强烈的气流冲击一样，船儿在水中上下左右地剧烈颠簸，让人心惊肉跳，冷汗淋漓。但幸好天佑苏轼一家，最终让其顺利通过新滩。当船只在岸边停泊小憩时，苏轼又对着船工们施礼感谢，还赏赐了银两。船工却笑着摇头："不要光谢我们，你们还是去江边的小庙拜拜吧，要感谢当地的江神啊！"

苏轼沿着船工所指的方向望去，不远处果然有一座小庙。这庙虽然不大，但香火很旺，过往船只路过此地，都要来庙里烧香祈求旅途平安。苏轼一家也买了些香火，磕头跪拜，感谢江神，回到船上苏轼还特意写了《新滩》一诗来记述这段惊心动魄的经历。

新　滩

苏轼

扁舟转山曲，未至已先惊。
白浪横江起，槎牙似雪城。
番番从高来，一一投涧坑。
大鱼不能上，暴鬣滩下横。
小鱼散复合，瀺灂如遭烹。
鸬鹚不敢下，飞过两翅轻。
白鹭夸瘦捷，插脚还欹倾。
区区舟上人，薄技安敢呈。
只应滩头庙，赖此牛酒盈。

长大后的苏轼既没有实现道士梦，也没有做成放牛郎，却在山水间做了几十年的地方官。然而江河湖海的风浪，与人世间的险恶又不相同，多年以后经历了宦海沉浮的苏轼才终于明白一句话："人心险于山川！"

第四章
西望峨嵋，长羡归飞鹤

01　一封家书

苏轼在京城做官，并没能像大鹏一样一飞冲天，反倒因反对王安石变法而处处受人排挤，无奈之下他只好到杭州去做地方官，逃离是非之地。

1074 年的春天，苏轼正在润州京口（今江苏镇江）赈济灾民，忽然收到老家的来信，激动得他拿信的手一直颤抖不停。此时的他已经五年都没有回过故乡了，一封家书真的比万金还要珍贵。当读到家乡人嘘寒问暖、询问归期时，苏轼不禁泪洒当场，哽咽无言。

蝶恋花·京口得乡书
苏轼

雨后春容清更丽。只有离人，幽恨终难洗。北固山前三面水。碧琼梳拥青螺髻。

一纸乡书来万里。问我何年，真个成归计。白首送春拚一醉。东风吹破千行泪。

杏花，春雨，江南。雨后的春色，如带笑的杏花，别样清丽动人。而苏轼却无心欣赏，每每站在高处，眺望故乡的方向，心中的愁苦就像那滚滚长江水一样汹涌而来，隐隐的痛苦难以言表，更无法被时光的流水冲走。

面对着北固山，苏轼不禁又想起了王湾的《次北固山下》："客路青山外，行舟绿水前。潮平两岸阔，风正一帆悬。海日生残夜，江春入旧年。乡书何处达？归雁洛阳边。"

他们的胸中都涌动着一样的乡愁，面对着高山巍峨如螺髻高挽，心中还是会想起那片熟悉的土地，那个梦中的乐园。

一封雪白的信笺来自万里之外的家乡，它翻山越岭，从眉山飘到了京口，满载着故土的温暖与亲切，字里行间是关怀，是惦念，是问候，是担心，是牵挂，是祝福，是千般愁肠、万般不舍。

"君问归期未有期，巴山夜雨涨秋池。何当共剪西窗烛，却话巴山夜雨时。"李商隐在《夜雨寄北》中与妻子温情相约，可苏轼却不知道自己的归期在何时。这些年，他并没有在京城站稳脚跟，而今又来到杭州做通判，到处公出，忙碌不停，连过年都不能和家人团聚，这种漂泊无依的生活何时是个尽头，他自己也说不清楚。

虽然他和弟弟苏辙早就萌生了功成名就后辞官归隐、对床夜雨的想法，但那也只能是想一想，他们还太年轻，事业刚刚起步，还有太多的雄心抱负没有实现，就这么一无所获地离开，他们不甘心！

不知如何作答，心痛无人共情，苏轼只好借酒消愁，拼死一醉。

春天的脚步匆匆而过，难以挽留，这是天意，不可违背，所以苏轼索性忍痛送春归去，就像将写给家乡的回信含泪寄出，里面写满了思乡的愁苦，却难以留下回归的日期。

有家难归，在他乡的日子又并不自在，苏轼在矛盾的夹缝中苦苦挣扎，默默忍受。人在仕途，身不由己，他只能独立在夜色中，泪流千行，任凭东风将其吹乱，却仍狂奔不止……

02 孤客自悲凉

一转眼苏轼在杭州工作已有四个年头了，早就习惯了这里的风土人情，心中也将此地当作第二故乡。谁知这一天，一个不速之客的来访，打破了生活原有的平静。苏轼一见来人，惊喜万分，眼泪顿时扑簌簌如雨珠滚落。

来者不是别人，正是苏轼的小舅子、王弗的弟弟——王缄。

时间过得真快，1065 年，二十七岁的王弗病逝于京城，而后又安葬于眉山老家，一晃也已十年。而今，苏轼看着妻弟，许多尘封多年的记忆滚滚而出，心中五味杂陈，有重逢的欢喜，有追忆的感伤，有物是人非的无奈，有生离死别的痛苦，有失而不得的惆怅。正像李商隐的诗中所云："此情可待成追忆，只是当时已惘然。"

王缄不仅给苏轼带来了一些家乡的土特产，还讲了许多近年来发生的大事小情。当苏轼听说父母和亡妻的坟墓，年年都有人及时拜祭和打扫时，提着的心这才放了下来。这些年他和弟弟一直在外面做官，没有时间回家祭祖，实为不孝。但自古忠孝不能两全，听王缄说家中一切安好，苏轼的脸上也露出了笑意，摆酒设宴款待王缄，并带他四处走一走，看一看钱塘的湖光山色。

相聚不易，别离匆匆，王缄在钱塘小住几日后，又要踏上归途，苏轼特意为其写了一首《临江仙》送别。

临江仙·送王缄

苏轼

忘却成都来十载，因君未免思量。凭将清泪洒江阳。
故山知好在，孤客自悲凉。
坐上别愁君未见，归来欲断无肠。殷勤且更尽离觞。
此身如传舍，何处是吾乡！

当年，妻子王弗陪伴苏轼出蜀州，过三峡，赴京城，及凤翔，一路悉心照顾起居，又帮他识人断事，成了苏轼最有力的贤内助。而今王弗已经故去十年，苏轼又远离故土，每每想起一家人温馨幸福的往事，他就备感难过和孤单，越来越想念只能在梦中相见的亡妻。

王缄的到来，打开了苏轼的心锁，也勾起了他的乡愁。当听到熟悉的乡音、看到亲人的面孔时，苏轼不得不承认，江南再美他也只是这里的过客，故乡眉山才是令他魂牵梦萦的根。他就像一只飞鸟，四处安家，却又处处不是家。口口声声把栖息地叫作"家"，而这种漂泊不定的流浪感又有几人能懂呢？

这首送别词，寄托了苏轼对亡妻的悼念，对家乡的怀念，对自身命运的悲叹。细细读来，我们仿佛可以看到一个瘦高的身影，站在高楼之上，翘首眺望家乡的方向，眼神中充满了渴盼，但渐渐又化作失望和伤感，两行热泪涌出，滚滚如江流。

03 天涯同是伤沦落

苏轼有个老乡叫杨绘，字元素，四川绵阳人。二人既是同僚又是好友，交往甚密。当年苏轼离京远赴杭州时，杨元素很是不舍，执杯为其送行。

有缘的是，1074 年 7 月陈襄任期已满，而新上任的太守竟是杨元素，阔别三年一朝相见，二人都备感惊喜和亲切："元素兄！""子瞻贤弟！""好久不见，别来无恙！""别来无恙！"

中国有句老话："老乡见老乡，两眼泪汪汪。"他乡遇故知，二人见面难免感慨万分。苏轼拉着杨元素的手坐在桌前，一边喝着泉水酿的美酒，一边聊着这些年经历的事情，轩窗内时而传出朗朗的笑声，时而传来幽幽的叹息，时而是无声的沉默……

都说天下没有不散的筵席，二人刚刚相聚两个月，苏轼又要远赴山东密州做太守。好不容易聚到一起，转眼又要分飞天涯，杨元素和苏轼一边喝酒一边互相和诗，言语中有不舍、无奈、自嘲，也有深深的祝福。

醉落魄·席上呈元素

苏轼

分携如昨。人生到处萍飘泊。偶然相聚还离索。多病多愁，须信从来错。

尊前一笑休辞却。天涯同是伤沦落。故山犹负平生约。西望峨眉，长羡归飞鹤。

苏轼苦笑着对杨元素说："元素兄，三年前，是你送我离开京城；而今，又是你送我离开杭州，人生总是聚少离多啊！"

杨元素拍了拍苏轼的肩："子瞻，不必过于感伤。海内存知己，天涯若比邻。我们还是会有重逢之日的！"

苏轼点了点头，又望向眉山的方向："想当年我在凤翔府的时候，就和弟弟约好早日辞官归乡，对床听雨，弹琴下棋，逍遥自在。而今父母都已故去，我兄弟二人还各自在他乡飘零，不能归乡，不能祭拜，好羡慕那天上的飞鸟，可以自由飞翔，想去哪里就去哪里啊！"

杨元素端起桌上的酒："贤弟就是大鹏鸟，志存高远，现在只是时运不济而已。终有一日你会重回京城，一展雄才大略，功成名就之后你再归隐田园，人生也无憾矣！"

苏轼苦笑了一下，什么也没说，对着杨元素端起酒杯，二人对饮无言，一切尽在杯中……

第五章
诗酒趁年华

01　休对故人思故国

　　在密州城北有座北魏时建的土台，苏轼派人将其扩建，并请弟弟为其取名。苏辙根据老子"虽有荣观，燕处超然"之意，称其为"超然台"。苏轼闻后大喜，亲自题名于台上。从此，超然台成了苏轼会友、登高的不二场所，并在此台上留下了《水调歌头·明月几时有》等千古名篇。

望江南·超然台作
苏轼

　　春未老，风细柳斜斜。试上超然台上看，半壕春水一城花。烟雨暗千家。

　　寒食后，酒醒却咨嗟。休对故人思故国，且将新火试新茶。诗酒趁年华。

　　春天的脚步匆匆，但幸好还没有完全离去，温暖的风像少女的小手，轻轻地梳理着柳树的秀发，还打上了绿色的蝴蝶结，细长的辫梢在和煦的阳光下轻舞飞扬。

　　自从上任以来，苏轼就没有闲过，带着官员和百姓捕蝗、抗旱、求雨、救婴，没日没夜地奔波操劳，终于让人们的生活恢复了正常模式，苏轼的脸上也露出了久违的笑容。寒食节过后，有老友从故乡来访，苏轼请他一起登临超然台，欣赏密州的秀美风光。

　　远远望去，护城河的春水只是半满，在阳光下泛起粼粼微波，像一面明亮的镜子，映射出湖边垂柳的倩影，更显温柔多情。城内的野花开得正艳，红的似火、粉的似霞、白的似雪，五彩斑斓，争奇斗艳，给密州城又带来了新的生机。苏轼和老友一边欣赏着湖光山色，一边讲述了他初来密州时蝗虫满天、旱灾严重的情形，自己又是如何带大家上山求雨、下地捉虫的经历，惊得老友目瞪口呆。

苏轼又带着老友登上最高处，问道："不知老兄觉得这密州如何啊？"老友笑着说："比我想象中好一些，不过，还是不如我们眉山好啊！"

一句话正戳中了苏轼的泪点，他也忍不住向西南眺望，那是眉山的方向。苏轼感慨地说："今年清明，我和弟弟又没能回家给父母磕头扫墓，只能在遥远的他乡焚香祭拜，相信他们知道儿子的苦衷，不会怪罪我们。"

老友忙好言相劝："放心，自有人打理。你看，他们还托我给你捎来一些家乡的特产呢！"

苏轼看着老友手中递过的包裹，百感交集：自从一脚踏入这官场，就难再有回头之日。眉山，也只能在梦中与其相见了。

想到这里，他苦笑了一声，双手接过包裹抱在怀中，仿佛抱的是一个走失已久的亲人。俄而，他又放下包裹，轻拭眼角的泪，张罗着要亲自为老友煮茶。

苏轼笑着说："我们虽是老乡，但你从远道而来也是客人，这是今年新采的春茶，慢火煮沸清香无比。家乡再好，我现在也回不去了，不如趁着这大好的春光，我们一起作诗、品茶、饮酒，不负年华！"老友也欣然同意，谈笑间茶香扑鼻，沁人心脾……

人生有得必有失，有喜必有忧。懂得释然，才能轻松；学会淡然，方得快乐。超然台让苏轼学会了放下执念，心中自然也多了几分洒脱和超然！

02　天涯倦客

在江苏徐州，有一座著名的燕子楼，是唐代徐州尚书张愔为宠爱的歌伎关盼盼私人定制的小别墅。盼盼美若仙人，白居易曾亲见其芳容，赠诗赞其"醉娇胜不得，风袅牡丹花"。

盼盼不但才貌绝伦，而且忠贞不贰。张尚书去世后，盼盼独居楼中，誓不嫁人，宁愿守着冷床寒灯孤独终老。

这一天夜里，苏轼恰巧夜宿燕子楼，竟然梦见了盼盼孤独徘徊的身影，于是醒后写了一首词，表面上是为梦盼盼而作，但仔细品读，却隐藏着苏轼内心的踌躇与落寞。

永遇乐·彭城夜宿燕子楼

苏轼

彭城夜宿燕子楼，梦盼盼，因作此词。

明月如霜，好风如水，清景无限。曲港跳鱼，圆荷泻露，寂寞无人见。紞如三鼓，铿然一叶，黯黯梦云惊断。夜茫茫，重寻无处，觉来小园行遍。

天涯倦客，山中归路，望断故园心眼。燕子楼空，佳人何在，空锁楼中燕。古今如梦，何曾梦觉，但有旧欢新怨。异时对，黄楼夜景，为余浩叹。

月寒如霜，风清如水，虽然是清秋时节，但夜色撩人，同样也可将人迷醉。环曲的水塘，淘气的鱼儿竞相跳出水面；圆圆的荷叶，如婷婷的舞女的裙。晶莹圆润的露珠，落在碧绿的裙摆上，在银色的月光映射下是那么的剔透玲珑。只可惜，这么美丽的景色，却无人来赏，一切都沉浸在夜色的银河中，闪闪烁烁，无语无声。

三更的鼓声，划破了这宁静的小夜曲，一片叶落微弱的声音被放大万倍，竟然将苏轼从梦中唤醒。刚才所见到的景象，不知是真还是幻，他只好独自在园中寻找，一无所获后，只当是美梦一场，心中不免又多了几分寂寥和惆怅。

苏轼身为一个常年在外漂泊的游子，虽然公务繁忙，但思乡之情从未泯灭。他早已厌倦了这种无根的状态，好想回到故乡，与岷江为伴，与蜀山相牵，天天听着熟悉的乡音，吃着家常的饭菜，过着普通人平淡又快乐的生活。

一个人漫步在这燕子楼中，想到当年的佳人曾独守香阁，思

卷一 桑梓情——月朗千里照平沙

念亡人，夜夜断肠，苏轼不禁又心生感伤。而今时过境迁，人去楼空，佳人早已成为幻影，但风中似乎还有她身上的香气，流动着她的哭声，幽幽咽咽，惨惨戚戚。曾经的鸳鸯鸟，或许又可在天上比翼齐飞；而堂中墙壁上画的那对燕子，却还在对语呢喃，卿卿我我，百年恩爱不变。

古来万事皆成空，桃花流水终入梦。而梦中的人，何为梦，何为醒，或许，连他自己也难说清楚吧！有谁愿从梦中醒来，又有谁愿一辈子沉醉在梦中？多年以后，是否还会有人站在这空空的燕子楼前，面对着黄楼夜色，枉自兴叹。

在这首词中，苏轼咏叹惋惜的是寂寞又痴情的盼盼，但又何尝没有联想到一直身处异乡的自己。他既不愿在党派之争中劳心费神，又不甘心满腹才华只沦为地方官吏，只能在孤独中等待，在落寞中忍耐。

只有熬得过常人难以理解和忍受的痛苦，才有机会与梦想撞个满怀。

秋风可以吹黄树叶，吹老岁月，却吹不冷游子的思念。多少个有月或无月的夜晚，苏轼眺望着眉山的方向，梦回故园……

03　一曲相思

乌台诗案之前，苏轼对自己的仕途还抱有很大的幻想，渴盼能"大鹏一日同风起，扶摇直上九万里"；总以为"天生我材必有用，千金散尽还复来"。但是乌台诗案的噩梦让他彻底清醒，也让他逐渐顿悟，他从大宋才子苏子瞻变成了闲人罪官东坡居士，按下了人生的重启键。种地、品茶、写诗、会友，面对大江东去，敬月一杯老酒。

山重水复疑无路，柳暗花明又一村。苏轼本想在黄州定居，没想到朝廷又传来让他赴汝州上任的喜讯。于是苏轼又按下了人生的回车键，实现了买田阳羡的心愿。

然而新上任的皇帝不想让他过早回家养老，又让他去登州上任，苏轼苦苦一笑："我就像只在天上飞舞的纸鸢，看似自在，实则身不由己。而那根掌控方向和长度的绳索，永远牢牢地握在天子的手中，我也只能奉命行事啊！"

蝶恋花

苏轼

昨夜秋风来万里。月上屏帏，冷透人衣袂。有客抱衾愁不寐。那堪玉漏长如岁。

羁舍留连归计未。梦断魂销，一枕相思泪。衣带渐宽无别意。新书报我添憔悴。

这一天，苏轼来到了楚州，想起昨夜那一场狂风大作，仿佛是从家乡兴起，一路跟随，依依不舍，就像费玉清歌中唱的那样："我送你离开千里之外，你无声黑白……"

夜色如墨，月光离开了江南的呵护似乎也变得冰冷了许多。寒气钻入帐子，透过被衾，穿过衣服，将苏轼紧紧地包裹。彻骨的寒意让他难以入睡，只好抱紧被子，辗转反侧，想到温暖的江南，心中又添了几分凄楚。

窗外十分宁静，只有那漏壶在"滴答——滴答——"一声声叩打着苏轼烦乱的心绪，也把这夜晚拉得很长很长。

苏轼侧身看着窗外的月光，它离自己是那么遥远，就像那灯火璀璨的东京，可望而不可即。登州远在山东，离京城十分遥远，而自己何日回京复命也遥遥无期，以后又要经历多少州府变迁，一切都是未知，想到这里，苏轼也是满脸凄绝。

不知何时含恨入睡，醒后却是一枕清泪，心中的寒意也未消尽。苏轼用衣袖拭了拭脸上的泪痕，又是一声长叹。

衣带渐宽终不悔，为伊消得人憔悴。可是"伊人"是否真的懂苏轼的心呢？

新皇上任，又会有何新举措；旧党重启，可否有子瞻一席之地？转念又想到家中的亲人，苏轼的脸上又多了几分愁容，归隐与梦想，远调与思乡，织成了一张大网，他深陷其中，显得格外憔悴与疲惫……

卷二 手足义——更结来生未了因

真正的兄弟，如手足更如知己，能同甘亦能共苦；可对床听潇雨，亦可千里共婵娟。他们体内流着相似的血，心中涌动牵挂的情，美美与共，和而不同，互相鼓励，不离不弃，今生不舍，来世再聚。

第一章
应似飞鸿踏雪泥

01　行路难

嘉祐元年（1056），四十八岁的苏洵带着二十岁的苏轼与十八岁的苏辙首次出川，进京赶考。一路上苏轼信心满满，兴奋得合不拢嘴，说笑个不停。苏辙看着兄长胸有成竹的样子，脸上也洋溢着开心的笑容。他希望兄长能高中状元郎，自己也能金榜题名，这样一门二进士，那苏家无论在京城还是眉山，都声名大噪了！

都说蜀道难，难于上青天，可是出了蜀地，这一路上还是坎坷不平，山路十八弯。最初的兴奋劲儿和新鲜感，也渐渐被曲折难走的道路消磨殆尽。

这一日，他们来到了河南陕州，要想去京城，只能翻过眼前的这座崤山。崤山有多险，看看唐太宗李世民的这首诗你就知道了。

入潼关
李世民

崤函称地险，襟带壮两京。

霜峰直临道，冰河曲绕城。

古木参差影，寒猿断续声。

冠盖往来合，风尘朝夕惊。

高谈先马度，伪晓预鸡鸣。

弃繻怀远志，封泥负壮情。

别有真人气，安知名不名。

崤山白雪皑皑，黄河环绕，古木参天，猿猴哀叫，山路崎岖，怪石挡道。而苏轼父子行经此处正值冬末春初，山路上冰封雪盖，又滑又陡，人和车马行走都十分不便，如果真的一不小心滚落下去，后果不堪设想。

　　料峭的春风似小钢针一般扎在脸上，让人疼痛不已。而天色暗淡，山路又滑，他们对路线和地况又不熟悉，从而不敢快走，只好让马走在前面探路，他们牵着驴子在后面小心跟从。马蹄子在雪地上不断地打滑，马儿不时发出紧张不安的响鼻。苏轼一行人走得相当慢，几个时辰过去了，还没有走到山脚，天色却越来越暗。此时此刻，苏轼终于理解了韩愈笔下"雪拥蓝关马不前"是什么感觉。

　　突然，马儿脚下一滑摔倒在地，原来是被埋在雪下的乱石绊了一下，一只脚踝被硬生生折断，马儿疼得大声呻吟，满地打滚儿，父子三人却无能为力。这荒山野岭，连个人家都看不到影儿，哪里去找兽医给它治伤啊！他们只能眼睁睁地看着马儿痛苦地抽搐与呻吟。渐渐地，马儿身上结了一层厚厚的白霜，呻吟声也越来越小，最终一动也不动了。

　　马死了，他们只剩下一头拉行李的驴子，走路就更加小心了。于是他们相互扶着一路摸索前行，苏轼在路边找到一根较粗的树杈当作拐杖，让老父亲拄着慢慢走。父子三人不知走了多久，才一步步挪到了山脚下，脸上、身上全是厚厚的白霜，手脚也冻得不听使唤，肚子饿得咕噜噜地抗议，连说话的力气都没有了。

　　天色黑得如一片深不见底的寒潭，附近又没有客栈可以休息，父子三人面面相觑："难道我们今天晚上要在荒郊野外过夜不成？"

　　正在这时，他们听到有钟声传来，苏轼眼前一亮："附近必有寺庙，我们何不到那里借宿一晚，吃点儿东西，明天天亮再继续赶路。"苏洵和苏辙立即点头同意。

02　蔺相如

　　他们沿着钟声一路寻来，终于找到了一座小庙，可能是因为年久失修，寺庙很破旧，香火也不旺，僧人也不多，显得冷冷清清。

老和尚奉闲很热情地招待了他们，让小和尚给父子三人烧水、泡茶、煮饭，还打扫出两间僧舍让他们休息。苏洵毕竟年纪大了，这一路折腾早已乏累至极，吃完饭就躺下沉沉睡去。而吃饱了的苏轼兄弟则又开始兴奋了，听说这里是渑池境内，不由得又想起了赵国名相蔺相如的故事，豪情壮志又随之燃起。

战国时群雄争霸，秦王假意与赵国和好，约赵王在渑池会面，蔺相如一路随行。在酒宴上，秦王多次想侮辱赵王，都被蔺相如用以其人之道还治其人之身的方式巧妙化解，反而让秦王丢尽了面子。

渑池之会，打击了秦王的嚣张气焰，捍卫了赵国的尊严，也维护了国家的和平。

一个蔺相如，胜过百万兵！

苏轼说："子由，我们兄弟二人如果日后能考中进士，在皇帝身边做官，一定要像蔺相如一样，不畏强权，誓死捍卫我们大宋的尊严。"

苏辙也点头同意："兄长当年学范滂的故事，母亲也曾讲给我听，如果我们真有机会为朝廷效力，子由愿和兄长一起，效仿先贤，为国效忠，即使肝脑涂地也在所不惜。"

兄弟二人越说越兴奋，纷纷在僧舍的白墙上题写诗文以明心志，激动得久久才入梦乡。第二天早上，奉闲老和尚给他们送来稀粥，看到二人在墙上写的诗句，不由得对他们心生敬佩。吃完早饭，父子三人谢过僧人们，拜别了奉闲，朝着京城的方向大步走去。

03 雪泥鸿爪

来到京城后，他们通过了一级级的考试，最终苏轼和苏辙都高中进士。苏洵也在欧阳修的举荐下名震京城，父子三人都各展才华，不虚此行。

1061 年，苏轼兄弟又参加了最高级别的制科考试，苏轼高中第三等（前两等形同虚设，三等实为一等），被誉为"百年第一"；

而苏辙也不甘示弱，被评为第四等，兄弟二人再次声名鹊起。

苏洵因体弱多病婉拒官职，奉命修书；苏辙为了照顾父亲，留京做了秘书省校书郎；而苏轼也走上了仕途的第一个台阶，奉旨去河南福昌县做主簿。

这是苏辙第一次和哥哥分开，十分不舍，一直送到了郑州才掉转马头含泪归来。回京途中又经过了渑池，想起当年惊心动魄的经历，不由得心生感慨，于是写了一首诗送给兄长。

怀渑池寄子瞻兄
苏辙

相携话别郑原上，共道长途怕雪泥。
归骑还寻大梁陌，行人已度古崤西。
曾为县吏民知否？旧宿僧房壁共题。
遥想独游佳味少，无言骓马但鸣嘶。

苏辙十九岁时，曾被任命为渑池县的主簿，可是因为后来考中了进士，所以就没来上任，让他失去了与渑池重逢的机会。而今，故地重游，物是人非，心中五味杂陈，既有对兄长的难舍和关切，也有对往日的追忆和留恋，还有对自己仕途的感慨和期望。

苏轼读完弟弟寄来的诗以后，回忆起当年在渑池的种种遭遇，也感受到了弟弟对人生命运难以掌控的无奈，于是提笔回了一首诗，这就是著名的《和子由渑池怀旧》。

和子由渑池怀旧
苏轼

人生到处知何似，应似飞鸿踏雪泥。
泥上偶然留指爪，鸿飞那复计东西。
老僧已死成新塔，坏壁无由见旧题。
往日崎岖还记否，路长人困蹇驴嘶。

人生在世，就像那飞舞的鸿鹄，在这里，或在那里，行踪不定。有时在天际翱翔，晴空排云，自由自在；有时也会落入雪泥，留下细小的足迹。

天空没有留下飞鸟的痕迹，但它已经飞过。

雪泥中的爪印，只是偶然的落足，不必太在意，一切都是经历罢了！

苏轼曾经派人打听过当年借宿过的寺庙的消息，可惜奉闲老和尚已经圆寂，埋葬在一座新塔之下。那五年前写在墙壁上的诗也早已不复存在，只余下曾经的壮志凌云，曾经的年少轻狂，曾经的笑声坦荡，在回忆中久久回响……

苏轼的这首和诗，有对弟弟疑惑的解答，也有宽慰和鼓励：我们的题壁诗，和老和尚的骨灰塔一样，都如雪泥鸿爪，是偶然的痕迹，但不是最终的归宿。鸿鹄必将展翅高飞，前程似锦，何必为这一点点雪中逗留的足迹而黯然神伤？我们在渑池经历了许多艰险磨难，但这也只是人生路上的一段小插曲而已，早已经过去。而今你我金榜题名，未来可期，还应顺其自然，以积极乐观的心态去看待人生的各种遭遇。

此时的苏辙只有二十二岁，未入仕途，就有种身不由己的危机感和悲凉感，让兄长也颇为担心。所以苏轼以飞鸿作喻，来劝勉弟弟放平心态，活在当下。

将人生的偶然遭遇比作雪泥鸿爪，真是恰当而又新颖，而苏轼的一生也恰如这壮志满怀的鸿鹄，既有凌云志，也有垂天羽，却总是被迫降落在雪泥之中，难以展翅高飞，只能在这茫茫无际的雪地上留下一行行孤独又苍凉的痕迹。

我们的人生又何尝不是如此？起起落落，分分合合，失失得得。但正因如此，我们才能不断反思、顿悟，变得更成熟、通达、豁然。

杨绛先生说过："人生就是一场修炼，我们需要在世事中找到自己的内心平衡。"

大鹏展翅也好，雪泥鸿爪也罢，都是人生的一个剪影而已，不必过于在意和纠结。

展翅蓝天就搏击长空，落足雪地就闲庭信步，虚怀若谷才能如意和快乐，跌宕起伏才会有响亮的人生！

第二章
郑西分马涕垂膺

01 苏八娘

曾听过这样一段传统相声，说的是苏轼和苏小妹斗嘴的趣事。

苏小妹长相平平，就是额头稍大些，于是哥哥就拿它做文章取笑妹妹："迈出房门将半步，额头已然至庭前。"

妹妹一听，气得一撇嘴，心中暗想：说我脑门大，好像你长得多好看似的，也不照照镜子看看你那张大长脸！

于是她微微一笑，脱口而出："还是哥哥有福相，去年一滴相思泪，今朝方流到腮边。"

苏轼一听，哈哈大笑："小妹啊小妹，你这也太夸张了吧！"

民间盛传苏轼有个聪明伶俐的妹妹叫苏小妹，后来与苏轼的弟子秦观终成眷属，许多明清小说中也有关于二人的佳话，似乎苏小妹真有其人。

但实际上，苏轼只有姐姐，下面除了苏辙以外并无其他弟弟妹妹。那苏小妹又从何而来呢？

民间对此说法不一，有人说是苏轼的堂妹小二娘，也有人说是苏轼的姐姐苏八娘。

苏洵和妻子程氏一共生有六个孩子，长子景先和两个女儿先后故去，只剩下三女儿苏八娘和苏轼、苏辙两兄弟。苏八娘比苏轼大两岁，聪慧可爱，苏洵曾在《自尤（并序）》中夸赞她："女幼而好学，慷慨有过人之节，为文亦往往有可喜。"可见她才貌双全，或许就是苏小妹的原型吧？

然而，苏八娘虽是小才女一枚，运气却远不及苏小妹。她十六岁嫁给了舅舅的儿子程之才，过门后因不受婆家的喜欢而经常受到各种虐待。丈夫比她大一岁，一点儿都不知疼媳妇，只会一味地愚孝，让八娘身心受到很大的摧残。

婚后一年，八娘产下一子，月子没坐好，还染了一身重病。可气的是程家虽富有，却舍不得花钱给她看病，苏洵老夫妻闻讯后心疼女儿，就把她接回娘家调养。可八娘身体刚刚有些好转，婆家人又找上门来兴师问罪，说她装病赖在娘家不回，不尽媳妇的孝道，还把未满周岁的孩子强行带回程家，让母子饱尝分离之苦。

八娘身体本来就没有痊愈，又因婆家人一闹而旧病复发，与爱子分离更是雪上加霜，身体一天不如一天，最终含恨而死，只活了十八个春秋。

女儿死后，苏洵气得发誓："苏家与程家从此老死不相往来！"苏轼当时只有十六岁，对姐夫一家的行为也十分气愤。长大以后他与姐夫同朝为官，但恩怨并未化解，程之才加入了新党，为了讨好王安石还故意编造苏轼的黑材料，尽显小人嘴脸，两家的梁子也越结越深。

02　宛丘先生

父母离世后，苏辙就是苏轼唯一的亲人。所以他对这个弟弟倍加关心，时时惦念，书信诗词往来不断，手足之情溢于言表。

苏辙比苏轼小两岁，从小就是哥哥的"跟屁虫"。少年时，苏轼和苏辙在城西的学社一起读书，小孩子们下课之后，喜欢玩"接龙"游戏。同学程建用先起个头："庭松偃仰如卧。"另一个同学杨尧咨接着说："夏雨凄凉似秋。"苏轼想了想："有客高吟拥鼻。"小苏辙则在旁边突然冒出一句："无人共吃馒头。"小伙伴们一听哈哈大笑，小苏辙也笑得前仰后合。

别看苏辙年纪小，个子却比苏轼高。苏辙在陈州（宛丘）做学官时，苏轼还故意写了一首《戏子由》来调侃弟弟的海拔。

戏子由（节选）

苏轼

宛丘先生长如丘，宛丘学舍小如舟。

常时低头诵经史，忽然欠伸屋打头。

斜风吹帷雨注面，先生不愧旁人羞。

任从饱死笑方朔，肯为雨立求秦优。

眼前勃溪何足道，处置六凿须天游。

诗中苏轼戏称弟弟太高，书院都装不下了。弟弟读书累了想站起来活动一下身体，没想到脑袋却碰到了屋顶。

调侃归调侃，哥哥对弟弟更多的是点赞。狂风来袭时，冷冷的冰雨在人们脸上胡乱地拍，旁人感到很羞愧，而苏辙却无所谓，泰然自若，我行我素。

身高九尺有余的东方朔，是个顶天立地的大丈夫，但不会因为饥肠辘辘就跑到仅三尺高的侏儒门下求施舍。宁可身饿死，不能丢名节，这才是贫贱不能移的大丈夫。

因为反对王安石变法，苏轼兄弟二人都被排挤出了朝廷。小人当权，一手遮天；忠良受辱，无力回天。苏轼用喜剧的手法唱响悲愤之音，让这首诗绽放"含泪的微笑"，果然是嬉笑怒骂皆成文章！

03 白发秋来已上簪

林花谢了春红，太匆匆。时光飞逝，不知不觉，苏轼在凤翔府上任已有一年，想起去年弟弟送别时的情形，心中又多了几分感慨。

九月二十日微雪怀子由弟二首

苏轼

其一

岐阳九月天微雪，已作萧条岁暮心。

短日送寒砧杵急，冷官无事屋庐深。

愁肠别后能消酒，白发秋来已上簪。

近买貂裘堪出塞，忽思乘传问西琛。

其二

江上同舟诗满箧，郑西分马涕垂膺。

未成报国惭书剑，岂不怀归畏友朋。

官舍度秋惊岁晚，寺楼见雪与谁登。

遥知读《易》东窗下，车马敲门定不应。

　　唐代诗人岑参曾在诗中云："北风卷地白草折，胡天八月即飞雪。忽如一夜春风来，千树万树梨花开。"

　　边塞地区气候异常寒冷，八月就已是冬天，大雪片片，铺天盖地。出乎苏轼意料的是凤翔的秋天也会下雪，星星点点，如白蝶翩跹，和京城的丹桂飘香、金菊怒放真是截然不同的两种景象。

　　雪花已经来了，冬天还会远吗？

　　一片急促的捣衣声传来，人们又要准备做棉衣过寒冬了。天色似乎也被这冷风吹得越来越短，太阳早早就下班回家，就像无事可做的苏轼，常常一个人背着手，在院子里徘徊。庭院深深，秋风瑟瑟，只有那杯中的酒可以抵御这扑面的寒意。

　　不知何时，头上又添了许多白发，岁月真是不饶人啊！自己才二十五六就早生华发，难道真是缘愁白了头吗？虽然苏轼现在还只是个小小的通判，但毕竟刚入官场，以后的路还很长，不必为眼下的成败得失太过焦虑和苦闷。一切都慢慢来吧！

　　前不久，苏轼新买了一件貂皮大衣，穿上后既可抵御风寒，又显富贵气派。苏轼打算穿着它去边境看看，如果能乘着车马奉命出使邻国，他一定要问问西夏国王：为何不向大宋多进献一些珠宝呢？

　　苏轼一直都有报国杀敌之志，他曾在《进策》中向皇帝提出了坚决抵抗敌军侵扰大宋边境的主张，并且给出了相应的对策与方略；而他所处的凤翔也是当时的军事重地，作为通判的苏轼自然有抗击西夏、建功立业的雄心。

他写这首诗，既和弟弟分享了自己的现状，也表达了心中的抱负，同时还激励弟弟不忘报国大愿，让全诗的思想境界得以进一步的升华。

而在第二首诗中，苏轼则回忆起初至凤翔上任时兄弟二人在江上共舟的情形，船上装着一个个大大小小的书箱，里面是各种书籍和诗稿，更是苏轼的志向与梦想。分别之际，二人泪洒长襟，难舍难分。而今时隔一年，苏轼却功业未成，既愧对带来的书籍和宝剑，也愧对一直对他寄予厚望的亲朋好友。

满腹经纶却难以向君主进谏献策，拔剑四顾却英雄无用武之所。苏轼想起了李白的《行路难》，不由得一皱眉头："欲渡黄河冰塞川，将登太行雪满山。行路真难啊！"

通判的职务不大，工作也不繁忙，苏轼在官舍里，看着梧桐叶由绿变黄，一片片从枝头落下，感叹着时光一去不复返。而今瑞雪纷纷，他又不知同谁一起登楼观赏，忽然又有种说不出的孤独与落寞。

他想起远在京城的弟弟，此刻应该在东窗之下专心地读着《易经》，即使门外有车马经过，有敲门声响起，弟弟也一定不会回应。

诗中既道出了苏轼的闲适与无奈，又对弟弟充满了挂念和期望，兄弟情深溢于言表，而爱国情、报国志又贯穿全诗，让诗歌蕴含的情感更加饱满丰沛。

卷二　手足义——更结来生未了因

第三章
但愿人长久，千里共婵娟

01　此事古难全

　　熙宁九年（1076）中秋，皓月当空，流光溢彩，分外圆满。苏轼在密州的超然台上设宴，与友人共赏婵娟。喝得酩酊大醉的苏轼，脸上泛着红光，走路也有点儿微晃，脑子却格外清醒。

　　他高举着酒杯，对着天上的明月，像对一个熟悉的老朋友似的，诉说着内心的疑惑："月儿啊，你是什么时候出生的呢？已经陪伴世人多少万年了？你才是真正的不老翁啊！"

　　苏轼小抿了一口杯中的酒，又眯着眼睛仔细观察月中宫殿的影子："你那里真有广寒宫吗？有时，我也想乘风飞去，可又怕都是琼楼玉宇，一点儿烟火气也没有，我——我怕自己受不了那份清冷啊！"

　　说罢，他又一指周围的花花草草和桌上行着酒令的朋友："还是这里好啊！有美食、美景、家人、朋友，人间真是个好地方啊！"

　　月亮似乎听懂了他的意思，轻轻地转动着身体，绕过朱红的门，转过雕花的窗，把柔柔的一抹月光轻轻地披在他的身上。苏轼心头倏地一暖，忽又想起了身在齐州（今济南）的弟弟，不免又多了几分酸楚和悲凉，忍不住又小声埋怨起月亮来："我说老朋友啊，这就是你的不对了。当年，你送我们兄弟出蜀，多么有情有义啊！而今，我和弟弟七年未见，在这举家团圆的日子，我们却天各一方。你呢，故意打扮这么漂亮搞气氛，难道是故意气我们的吗？"

　　月亮听了忙摇了摇头，眼睛一眨一眨的，似乎在说："你误解我了，我也想让你们相聚，但分分合合是人之常情，就像我时胖时瘦，时大时小，每天都在变化，这些都是你我难以掌控的啊！"

苏轼陷入了沉思，原来人生如月，或圆或缺变化不一，聚散离合都是天意。但只要彼此心心相念，就不会觉得太遥远，也总会等到相聚的那一天。

于是他又轻轻地抿了一口酒："我在密州的生活虽比杭州苦多了，但奇怪的是，我发现自己最近竟然还胖了一点儿，连原来的白头发也少了一些。看来，人活着要有一个好心态。心宽了，天地就宽了，精气神自然也上来了！王勃曾说过'海内存知己，天涯若比邻'，张九龄也说过'海上生明月，天涯共此时'，我想说的是但愿人长久，千里共婵娟。希望天下分离的人都可以举头共赏同一轮明月，纵使相距千山万水，也仿佛近在咫尺。思念不变，祝福不改！"

月儿听了他的这番话，脸上的笑容更加甜美动人。苏轼的心情也格外清爽，于是放下酒杯，提笔写下一首《水调歌头》，送给正在齐州赏月的苏辙。

水调歌头

苏轼

丙辰中秋，欢饮达旦，大醉，作此篇，兼怀子由。

明月几时有？把酒问青天。不知天上宫阙，今夕是何年。我欲乘风归去，又恐琼楼玉宇。高处不胜寒。起舞弄清影，何似在人间。

转朱阁，低绮户，照无眠。不应有恨，何事长向别时圆？人有悲欢离合，月有阴晴圆缺，此事古难全。但愿人长久，千里共婵娟。

古人借月抒怀的诗作有很多，其中不乏千古名篇。李白的《月下独酌》中"举杯邀明月，对影成三人"，是何等的浪漫和可爱，把孤独的味道都冲得淡淡的；而张若虚的《春江花月夜》更是孤篇压倒全唐，"人生代代无穷已，江月年年望相似。不知江月待何人，但见长江送流水。"长诗如一幅徐徐展开的画轴，看见的是江月美景，感受的是思妇离愁，领悟的则是生命的永恒。

而苏轼的这首《水调歌头》，浪漫中暗藏着哲思，幻想中又充满着矛盾，无奈之后是一种释然，释然之后则尽显洒脱。解决不了的困惑，那就交给天意。做快乐的自我，才是智者的选择。

难怪王国维在《人间词话》中对其高度评价："东坡之《水调歌头》，则仁兴之作，格高千古，不能以常调论也。"

02　明月明年何处看

熙宁十年（1077）春天，苏轼与弟弟终于相见了，二人本来想同赴京城，没想到半路上苏轼又被派往了徐州，于是苏辙又陪同兄长一起去徐州赴任，一直住到中秋之后才依依不舍地离开。

兄弟二人分别八年，终于可以一起欣赏月华，而不再是"千里共婵娟"的隔空祝福，心中自然充满了兴奋与激动，免不了写诗作词为念。

阳关曲·中秋作

苏轼

暮云收尽溢清寒，银汉无声转玉盘。
此生此夜不长好，明月明年何处看。

夜风如弦，暮云如歌，一曲终罢，轻轻收起，高空溢出一片清寒，弥漫于天地之间，涌动着无尽的明朗与清澈。

幸好银河寂静无声，否则风起浪涌一定会震耳欲聋。一轮玉盘慢慢地浮出水面，迈着姗姗的步履，袅袅婷婷地走来。只见它嫣然一笑，世间万物顿时黯然失色。

如此美妙迷人的夜晚，一年只有一次；而兄弟二人可以坐下来，并肩欣赏同一轮圆月，更是难得！

儿时天天可以相依相伴，长大后却几年难见一面。何夜无月？何处无美景？但少兄弟如吾两人者耳！

不知明年的中秋之夜，我们又会在何地赏月，是否还能坐在一起对酒当歌？想到这里，苏轼与苏辙又共同举起酒杯，脸上带着笑，眼中却闪烁着点点泪痕……

03　恍然一梦瑶台客

　　果然如苏轼所料，兄弟二人分开以后，第二年的中秋节又是千里共婵娟。

　　元丰元年（1078），苏轼在徐州任太守，而弟弟则在南京任签判，二人又没能一起过中秋。想到去年兄弟二人好不容易相聚一起饮酒赏月，而今又分飞天涯。天上的婵娟还是那么静美光艳，可苏轼的心情却是一片惨淡。

　　刚刚接到弟弟的来信，当读到"南都从事老更贫，羞见青天月照人"的诗句时，苏轼心中百感交集，于是挥笔写了一首诗相和，希望能温暖与烘干弟弟那颗潮湿的心。

中秋见月和子由

苏轼

明月未出群山高，瑞光万丈生白毫。
一杯未尽银阙涌，乱云脱坏如崩涛。
谁为天公洗眸子，应费明河千斛水。
遂令冷看世间人，照我湛然心不起。
西南火星如弹丸，角尾奕奕苍龙蟠。
今宵注眼看不见，更许萤火争清寒。
何人叙舟临古汴，千灯夜作鱼龙变。
曲折无心逐浪花，低昂赴节随歌板。
青荧灭没转前山，浪飐风回岂复坚。
明月易低人易散，归来呼酒更重看。
堂前月色愈清好，咽咽寒螀鸣露草。
卷帘推户寂无人，窗下咿哑惟楚老。
南都从事莫羞贫，对月题诗有几人？
明朝人事随日出，恍然一梦瑶台客。

明月还没有从高高的群山之巅升起，银白的光辉已散落在天地之间，分外耀眼。杯中的残酒尚未饮尽，月光却已在高空中流动翻涌，驱散四周的云朵纷纷避让，就像雪白的浪花要飞流直下。月亮就像天公的眼睛，明澈闪亮，顾盼生辉，想必每天都会用银河水去清洗，才使它不落尘埃。

它是如此美丽，又是如此低调。

冷月无声，却教会苏轼如何冷静地洞察世事无常；而他又认为自己此心光明，亦复何言，一切尽在沉默中……

西南方向的星宿闪烁不停，但在这皎洁的月光下又显得暗淡微弱。都说月朗星稀，其实星星们一直都存在，但光亮太弱难以与明月争辉，只能做背景墙，衬托出它的圆润、明亮、硕大、晶莹。

有人在岸边向河里放灯，也有人停船靠岸驻足观瞧。月与灯与船与人，影布河上，在夜色中轻轻摇曳，是梦是幻，是歌是诗，都融入这朦胧多情的长短调中，被船上的琵琶女轻轻吟唱，高一声，低一声。

再动人的月色，也有散去的那一刻。

夜色已深，江风渐冷，苏轼也从江边转回家中。院内格外幽静，只听见寒蝉凄切，咽咽而鸣。家人多已睡去，苏轼一人对月独酌，忽然听见一阵婴儿的啼哭声。那应该是小孙子（苏迈之子）楚老一觉睡醒，需要人抚慰一下才能再入梦境。

苏轼又想到远在南京的弟弟，希望他不要因为生活的清贫而感到羞愧。凡事应往好处想，古往今来赏月的人很多，可像你我二人一样能对月写出佳句的又有几人呢？

人生有太多的变数。当红日初升，天地通明，再美丽的月光也消失不见，再仙境般的瑶台也成为幻影，仿佛一场游戏一场梦。

不必太当真，更不必太较真！

什么都不会是永恒，一切都将会过去！

"人有悲欢离合，月有阴晴圆缺，此事古难全。"珍惜每一次相聚的美好时光，不计过往，不问来日，乐在当下，不负年华不负君！

第四章
与君世世为兄弟

01　来生再续缘

1079 年，苏轼遭遇了人生最可怕的一场劫难——乌台诗案。

苏轼在湖州上任不久后给皇帝写了一封谢表，没想到竟被一些新党小人断章取义，扣上了反对新法、不满朝政的大帽子，惹得龙颜大怒，将其打入御史台大牢。苏轼百口难辩，在牢狱中遭受了 40 多天的残酷折磨后，最终屈打成招，供认不讳。

苏轼在大牢中，每天都度日如年，有时他想求速死，一刀解千愁；有时他又想要活命，毕竟舍不得弟弟和家人。在这个鬼地方，天天都要饱受各种精神和肉体上的折磨，他不想连累朋友，但还要交代罪行，心中的矛盾交织在一起，就像落在一个大网兜里，怎么也钻不出去，越挣扎反而缠得越紧。

长子苏迈一直在外面为他送饭，虽然父子二人不能见面，但也约了暗语：如果平安无事那就送肉和蔬菜，如果听到不测那就送鱼。

这一天，苏迈有重要事情不能脱身，只好请一亲戚代劳，没想到那人不知内情，偏偏送的就是鱼肉。苏轼一见万念俱灰，于是提笔写下两首诀别诗送给弟弟子由。神宗皇帝一看，眼泪也不由得簌簌落下。

狱中寄子由二首（其一）
苏轼

予以事系御史台狱，狱吏稍见侵，自度不能堪，死狱中，不得一别子由，故作二诗授狱卒梁成，以遗子由。

圣主如天万物春，小臣愚暗自亡身。

百年未满先偿债，十口无归更累人。

是处青山可埋骨，他年夜雨独伤神。

与君世世为兄弟，更结来生未了因。

虽然皇上要杀苏轼，但苏轼一点儿都不记恨皇上。他觉得皇恩浩荡，君主像春天一般圣明，反而是自己恃才放旷，口无遮拦，自取灭亡，辜负了皇帝的信任和重用。

想到自己并未走完的一生，苏轼也很遗憾，或许是前世累积的夙债太多，需要今生以命偿还，所以才让他遭此劫难。

初入仕途时，苏轼就曾许下与弟弟"对床夜雨听萧瑟"的心愿。可是十八年过去了，苏轼不但官没做大，也没有实现归隐的心愿，反而惹来杀身之祸，还要劳烦弟弟替自己照看家中老老小小十余口人，实在惭愧。

自己的命并不足惜，死了也算一了百了，随便找座青山即可葬身。可是抛下弟弟孤孤单单一个人，再也没有兄长的牵挂和陪伴。每次夜雨来临之时，独自想起童年时的欢声笑语，少年时的相依相伴，成年后的携手同行，入仕后的相互慰藉，怎能不黯然神伤呢？

如果来生有缘，苏轼愿意再与苏辙结为兄弟，世世代代不离不弃，把今生没有一起走完的路，继续风雨无阻地走下去。

神宗读后也很感动，而苏辙看到哥哥的绝笔更是泪如泉涌。他立即上书请求皇上，愿辞去一切官职换取哥哥性命，即使被贬为庶民也在所不惜。

什么是兄弟？这就是兄弟。不抛弃，不放弃！能同甘共苦，可肝脑涂地。

为了能离弟弟近一些，哥哥宁愿去天寒地冻的密州上任；为了哥哥能活命，弟弟宁愿放弃一切功名利禄。苏轼与苏辙的手足情感动了神宗，而太皇太后、王安石等人的求情，也让他彻底打消了杀苏轼的念头。

1079 年 12 月 29 日，神宗亲自下诏书赦免苏轼死罪，将其贬到黄州去做副团练，为期130天的"乌台诗案"终于画上一个句号。

苏轼大难不死，全家人抱头痛哭。苏轼拉着苏辙的手，知道他因为自己而丢官，心疼、惭愧、感激、不舍等多种情感一起涌上心头，正欲开口，忽见苏辙做了一个捂嘴的动作，苏轼立即心领神会，紧紧地搂住弟弟，默不作声，泪如泉涌……

02　世事一场大梦

时光匆匆如白驹过隙，转眼间苏轼被贬黄州已经两年。每每想到弟弟因为受自己连累而被贬到600多里外的筠州，苏轼的心里就如针扎一样难受。

又是一年月圆夜，每逢佳节倍思亲。

几年前苏轼站在超然台上，举杯对月，高唱"但愿人长久，千里共婵娟"。而今经历了生死离别，他才更深刻地懂得了"活着"的意义。

西江月

苏轼

世事一场大梦，人生几度秋凉？夜来风叶已鸣廊，看取眉头鬓上。酒贱常愁客少，月明多被云妨。中秋谁与共孤光，把盏凄然北望。

月圆之夜，再度与弟弟天各一方，苏轼却不再埋怨月亮有意而为之了。世间万物就像大梦一场，虚虚实实，真真幻幻，谁又能分得清呢？

秋风习习，夜色如水，谁也挡不住时光的脚步。苏轼也不知人生到底要经历多少个这样凉意扑面的秋天，而今人到中年，两鬓开始斑白，就像这残酷的秋风吹冷了江水，吹落了树叶，吹谢了花朵，吹走了鸟儿，一点儿也不念旧情。

现实和时光一样冷酷无情，对他这种迁客骚人更不会心慈手软！

黄州的生活过于清冷和寒酸，苏轼也想设宴邀请朋友，可惜他没有俸禄，也没太多积蓄，日子过得紧巴巴，只能自己动手开荒种地，才勉强维持温饱。家中既没有好酒，也缺少下酒的好菜，朋友来了又如何款待？想到这里，苏轼也惭愧地低下了头，忆起曾经在京城和杭州等地时的富裕生活，不由得又长叹一声——唉！

月华如玉，却常被浮云遮掩，难以散发出皎洁的光芒。就像落魄的苏轼，坠入人生的最低谷，饱受磨难与耻辱，满腹的才华却无施展之地，再大的名气也无人问津。

而今又到月圆之夜，往日一起对酒当歌的小伙伴，现在都一一离他而去，只剩下苏轼孤零零一个人，端着酒杯，对着月，对着风，对着自己的影子，对着天边的弟弟，对着遥远的京城，怅然若失，怆然泪下！

人生无常，世事如梦。此时苏轼的心也如一潭死水，映着孤独的影，陪伴落魄的魂。

03 莫道中朝第一人

走过风雨，走过荒芜，苏轼兄弟终于熬过了寒冬，在 1085 年迎来了峰回路转后的柳暗花明，重回京城为官。但好景不长，哲宗元祐四年（1089），五十四岁的苏轼为躲避朝中的党派之争，再次离京远赴杭州做太守。而这年的八月，弟弟苏辙也奉命出使辽国，去庆贺辽主的生辰。

澶渊之盟虽然换来了两国暂时的休战，但对于大宋来说，花重金向小国求安定也是一种耻辱。而今苏辙代表宋国出使辽国，向小国君主庆生，也尽显出国弱臣辱的悲凉。苏轼知道弟弟内心的矛盾与悲愤，于是写诗送别，以表达劝慰与告诫之情。

送子由使契丹

苏轼

云海相望寄此身，那因远适更沾巾。

不辞驿骑凌风雪，要使天骄识凤麟。

沙漠回看清禁月，湖山应梦武林春。

单于若问君家世，莫道中朝第一人。

一个远在江南杭州，一个离京赶赴边境。兄弟二人隔着云海遥遥相望，不必亲自送行，也不必为暂时的分离而泪洒衣襟，苏轼的用心良苦弟弟一定会懂。

苏辙一路上风餐露宿，十分艰辛。可他无怨无悔，只为不辱使命。他要让辽国君臣见识一下什么是大宋精英，什么是大国风范！

当马匹行进在沙漠中时，苏辙回头眺望京城的方向，故国的月亮一路送行，那么圆，那么亮，那么多情，让他备感亲切和欣慰。

羌笛悠悠，寒意扑面，不知不觉他已经踏上辽国的土地。可是在梦中他又越过千山万水，回到杭州，与兄长重逢。

在那里，有宋朝的春天；在那里，有温暖的牵挂。

苏轼还特意叮嘱弟弟："如果辽国国君问起你的家世，可千万别说朝中第一等人物只在苏家。"

你以为这是苏轼在教弟弟低调吗？不，他其实是教弟弟保全自己，平安归来。

原来在《新唐书》中曾有这样的记载：唐朝有个大才子叫李揆，因为其门第、人品、才学皆当世第一，所以被肃宗派往吐蕃做使者。没想到吐蕃首领久闻他的大名，问其是不是唐朝第一人，聪明的李揆怕被扣留人质，矢口否认："那个李揆怎么肯来呢？"吐蕃首领没有追问，李揆这才平安归来。

苏轼对弟弟的谆谆告诫，既是维护国家利益，又是保护弟弟人身安全。兄弟情与民族义交织在一起，体现出苏轼的智慧和明理。

苏轼大难不死，对亲情倍加珍惜，兄弟二人的手足情也经过了灾难祸患的重重考验，像金石一样坚不可摧，像明月一样纯真无私，弥足珍贵。

第五章
对床夜雨听萧瑟

01 慎勿苦爱高官职

古人喜欢用"对床听雨"来表达亲友或兄弟久别重逢的喜悦之情。例如韦应物的"秋檐滴滴对床寝,山路迢迢联骑行",辛弃疾的"记取小窗风雨夜,对床灯火多情,问谁千里伴君行",白居易的"能来同宿否,听雨对床眠"等等,而"对床听雨"的心愿在苏轼兄弟的诗中、信中也反复出现,只可惜一直未能真正实现。

"对床夜雨"的梦想,苏轼早在凤翔府做通判时就已经产生。那时的他第一次和父亲、弟弟分开,心中十分不舍。苏辙想起韦应物的诗句"安知风雨夜,复此对床眠",便和哥哥相约功成名就后早日隐退,共享闲居之乐,苏轼听罢欣然同意。

在去往凤翔的路上,苏辙送了苏轼一程又一程,直到郑州才依依不舍地分开。苏轼在路上想着弟弟一个人回京的孤影,写下了心中的幽怨。

辛丑十一月十九日既与子由别于郑州西门之外

苏轼

不饮胡为醉兀兀,此心已逐归鞍发。
归人犹自念庭闱,今我何以慰寂寞。
登高回首坡垅隔,惟见乌帽出复没。
苦寒念尔衣裳薄,独骑瘦马踏残月。
路人行歌居人乐,僮仆怪我苦凄恻。
亦知人生要有别,但恐岁月去飘忽。

寒灯相对记畴昔，夜雨何时听萧瑟？

君知此意不可忘，慎勿苦爱高官职。

酒不醉人人自醉，苏轼那一天并没有饮酒，却仿佛酩酊大醉一样，神思恍惚，心也随着弟弟离去的身影一同飘远。

来时一群人，回来时只有一个人，那种孤独与寂寞又有几人可以读懂？苏轼挂念着在山野中独行的弟弟，止不住的泪水模糊了双眼。

为了照顾父亲，弟弟放弃了外出做官的机会；为了送兄长远行，他宁肯一个人忍受孤独之旅的痛苦。想到这里，苏轼的内心更是翻江倒海，不知用什么方式去抚慰弟弟的孤影。

苏轼来到城中的最高处，远远地眺望弟弟回去的方向，但只能看到一个帽子影，在山岭间时隐时现，时高时低。山中晚上寒气较重，弟弟身上的衣服很单薄，夜风吹来会不会着凉？苏轼想着弟弟独自骑着瘦马穿梭于寒冷的月光下，恨不能插翅飞到他身边，陪他一路返回京城。

苏轼正在为弟弟担忧，忽然听到旁边有人唱歌，笑声不绝于耳，原来是仆人不甘寂寞，相互嬉戏。一想到弟弟一个人孤孤单单走夜路，而自己却仆童成群，说说笑笑，气得苏轼大声呵斥，他们才安静下来。

夜色中，苏轼对着窗前的寒灯，想着远方的弟弟，不知他是否还会记得驿站中"对床夜雨"的心愿，更不知何时才会实现。但愿弟弟以后做了大官，也不要贪恋官场的功名利禄，急流勇退。二人像五柳先生一样，能早日归园田居，怡然自乐。

02 别泪滴清颖

1091 年，苏轼从杭州任职期满被调回到京城，而此时的弟弟已经是尚书右丞了。苏轼知道自己在朝中树敌太多，怕影响弟弟的前程，多次请求外调为官。

一些居心不良的小人又想再掀文字狱，诬陷苏轼所作的《归宜兴留题竹西寺》有庆贺神宗驾崩之嫌，苏轼忙上奏辩解，并再次提出离开京城，皇帝就让他以龙图阁大学士的身份去颍州（今安徽阜阳）任军事知州。

苏辙不舍，一路相伴，二人在颍河的船上共度一夜，敞开心扉，互诉衷肠。第二天天亮，船将启航，兄弟二人拱手而别，泪洒当场。

颍州初别子由二首（其一）

苏轼

征帆挂西风，别泪滴清颍。

留连知无益，惜此须臾景。

我生三度别，此别尤酸冷。

念子似先君，木讷刚且静。

寡词真吉人，介石乃机警。

至今天下士，去莫如子猛。

嗟我久病狂，意行无坎井。

有如醉且坠，幸未伤轨醒。

从今得闲暇，默坐消日永。

作诗解子忧，持用日三省。

当苏轼看到船帆迎着猎猎西风高高地扬起，耳畔又传来"隆隆"敲响的鼓声，就知道船只即将出发，他和弟弟又要分离了。泪水簌簌而下，打湿了衣袖，汇入这滚滚东流的颍河水，向远方逝去。

相见时难别亦难，再多的泪水也阻拦不了分离的脚步，此情此景让人心痛，更令人珍惜。今日一别，不知何日再见，虽然苏轼的一生已经历了太多的离别，可这一次备感清冷心酸。年过半百，头发花白，还要四处流离为官，无法在朝堂上指点江山，无法实现对床听雨的诺言，想想真是遗憾。

弟弟苏辙和父亲苏洵性情相近，都是沉默寡言、质朴刚正。这对于他来说也是一件好事，许多祸患都因此得以躲过，而他的仕途也比苏轼的更长远和顺利。

都说祸从口出，大智若愚。人生过半，苏轼才懂得"沉默是金"的好处。他曾一直狂放不羁，口无遮拦，结果误入歧途，就像那醉酒的人摔倒在地，但幸好有惊无险，并无大碍。而今他来到颍州，可以静享一段闲适的时光。除了读书、作诗、反思、会友，他还会多给弟弟写一些书信，互和诗词，交流心声。

这首诗语言质朴清丽，情感真切动人，兄弟情洋溢在字里行间，温暖如初。诗中尽显哥哥对弟弟的不舍与祝福，同时也可用来鼓励和自勉，伤感之余也流露出豁达与乐观。

03　对床夜雨

苏轼与弟弟分开后，原以为可以轻松一阵子，可是当他在颍州看到了恩师留下的痕迹时，顿感肩上的担子更重了。于是他不敢有半点儿松懈，到处巡查走访，带着大家一起修西湖、建苏堤，让颍州西湖和杭州西湖一样美丽如画，天下扬名。

白天忙碌不停，无暇多想，可到了晚上却是百感交集，孤枕难眠。苏轼又想起和弟弟"对床夜雨"的约定，不由得长叹一声："人在江湖，身不由己！"

满江红　怀子由作

苏轼

清颍东流，愁目断、孤帆明灭。宦游处、青山白浪，万重千叠。孤负当年林下意，对床夜雨听萧瑟。恨此生、长向别离中，添华发。

一尊酒，黄河侧。无限事，从头说。相看恍如昨，许多年月。衣上旧痕馀苦泪，眉间喜气添黄色。便与君、池上觅残春，花如雪。

颍水东流，孤帆远影，青山巍峨，白浪千重。苏轼面对着颍州山河，不禁又想起眉山江月，回忆起兄弟之约。只可惜，一大把年纪还没有实现，仍在四处漂泊为官，徒增满头白发。

苏轼不知道自己这几十年的辛酸与苦楚又能向谁诉说，于是将其都汇入这滔滔不绝的河水，让它们随着时光的荏苒——逝去。但有的回忆碎片却飘散在风中、梦中、泪眼婆娑中，挥之不去。

苏辙远在黄河边上的京城开封，二人相去甚远，苏轼只能把酒遥望，以寄思念。往事历历在目，欢声笑语还在耳边回荡，他多想乘一叶小舟，与弟弟欢喜重逢，把酒当歌，对床听雨，即使是暮春时节，残花似雪，依旧妙不可言。

春尽了，花落了，梦也醒了，一切如云烟般又轻轻消散了。苏轼在梦中与弟弟相遇，也表现了他对官场的厌倦，对归隐的向往，对兄弟的思念，对人生的感慨。

苏轼的一生，如蓬草乱飞，时东时西，难以自控。而他的心却一直都想着百姓，想着国家，也惦念着弟弟子由。

弟弟升官，他为其感到高兴，勉励其勤政为民；弟弟被贬，他为其感到惋惜，鼓励子由不要灰心丧气；弟弟病了，他嘘寒问暖，关爱有加；弟弟瘦了，他非常心疼，劝其就地取材，补充营养。他对弟弟的牵念真是可以跨越高山和大海，也可穿过人山人海，温暖如炉，明亮如灯。

对床听雨是手足义，也是未了情。

苏轼与苏辙后半生聚少离多，但彼此牵挂不变，鸿雁往来不减。苏轼去世时，苏辙不在身边，兄弟二人生离死别，苏辙悲恸欲绝，写祭文、诗词以示怀念。苏辙去世以后，家人按其遗愿将其安葬在哥哥墓葬旁，兄弟俩终于可以朝夕相处，对床夜雨听萧瑟，生生世世不分离……

卷三　伉俪情深——雨中花慢

人生自是有情痴，此恨不关风与月。

爱情是：“曾经沧海难为水，除却巫山不是云”的一往情深，是：“执子之手，与子偕老”的不离不弃，是：“用尽我三生烟火，换你一世迷离”的且行且珍惜。

第一章
敛尽春山羞不语

01　唤鱼池

苏轼一生共娶了三个妻子，其中最让他痴情难忘的还要数他的第一任妻子——小师妹王弗。

苏轼少年时，也曾遍访名师。在眉州青神县有一座中岩书院，乡贡进士王方则是那里的名师。他和苏洵是多年的好友，为人方正质朴，博学广识，在当地小有名气。苏洵把苏轼、苏辙兄弟送到中岩书院学习，在众多弟子中，聪明机智、口才出众、落笔成章的苏轼，很快就成了王方最得意的门生。

王方有一个女儿名唤王弗，比苏轼小两岁，常听父亲说苏轼多么有才，对这个素未谋面的师兄也心生好奇。苏轼也听闻恩师有一个才貌出众的小女儿，但男女有别，不能同室读书，一直无缘相见。

在中岩书院的山下，有一个美丽的池塘，如皓月般皎洁，如玉璧般莹透，常引得小苏轼一下课就跑来观瞧。这一天，他又站在水池边，但见四周绿树环合，斑驳倒影低垂，水面也染上了或深或浅的绿色，难以看清水下的景物。

苏轼不禁想起柳宗元《小石潭记》中所描述的动人画面："潭中鱼可百许头，皆若空游无所依，日光下澈，影布石上。怡然不动，俶尔远逝，往来翕忽，似与游者相乐。"

他对着池塘自言自语："这么好看的池塘，怎么能没有鱼呢？待我唤它们出来！"于是他对着水面，"啪啪啪"大声地拍了三下手掌，惊得水中的鱼儿争相跃出水面，然后又"扑通扑通"跳入水中，有的四散奔逃，有的聚在一起，有的则沉入水底。苏轼见了哈哈大笑："原来水中的鱼儿是在和我玩捉迷藏啊！我说怎么一直躲着不肯见，有趣有趣！"

回到学堂，苏轼将此事告诉给老师王方，并建议他给此水池起个好听的名字。王方对此也很感兴趣，于是请来许多当地的文人墨客，搞个起名大赛。人们纷纷把想好的名字写在纸条上，一个个展开点评，但不是太俗气，就是太生涩，没有一个让大家都满意的。到了苏轼这里，小纸条慢慢展开，"唤鱼池"三个飘逸的大字跃然纸上，大家都点头称妙，苏轼心中也有了一点儿小得意。

正在此时，一个小丫鬟跑过来，送来了王弗小姐写的纸条。大家忙围拢过来仔细观看，上面竟然也赫然写着"唤鱼池"三个娟秀的小字。王方一捋长髯点头微笑，却什么也没说。旁边的友人则七嘴八舌地评论上了，有人夸王弗小姐才气不让须眉，有人说有其父必有其女，还有人说小姐和苏轼不谋而合，这就是天生一对啊！苏轼的脸一红，王方笑得更得意了。

几天后，王家主动上门提亲，苏洵夫妻满口答应，苏轼心里也是一片欢喜。他曾在王方府中拜访恩师时，与小姐有过一面之缘，从此他就暗自喜欢上这个可爱又漂亮的小师妹。有一天，他还采来一大捧王弗最喜欢的飞来凤花，偷偷放到她的窗前，小师妹捧着鲜花，轻轻地闻着香气，一副娇羞可人的样子，深深地印在苏轼的脑海中，久久不能拂去。

1054年，十六岁的王弗与十八岁的苏轼结为连理，花烛将洞房照映得分外温馨浪漫，而戴着红盖头的王弗也心中小鹿乱撞，直到盖头被轻轻撩起，看见苏轼那双深情如水的眼睛时，王弗的粉面宛若芙蓉双开，不由得又羞涩地低下了头……

02　秀外慧中

古人讲究女子无才便是德，女孩子读书再多也不能参加科考，当女官、女先生的更是凤毛麟角。王弗过门以后，从不舞文弄墨、读诗看书，而是小心侍候公婆，操持家务，程氏对这个儿媳妇十分满意。

苏轼却有点儿小遗憾："原来'唤鱼池'只是巧合罢了，她除了漂亮些，和别的女人也没什么区别，也只会洗衣煮饭、女红绣花罢了。"

王弗白天劳作，晚上则喜欢一边听苏轼读书，一边低头绣花。她手中的彩线上下翻飞，一朵朵漂亮的飞来凤花栩栩如生，引来飞蛾不去扑灯火，而是去扑花朵。

苏轼背书时，王弗坐在一边并不言语，有时会端来一杯热茶，有时会给苏轼披上一件外套，苏轼看着美丽温柔的妻子，轻拂着她的小手，看着她绣的花朵，忍不住慨叹道："娘子真是秀外慧中，心灵手巧啊！"

王弗的脸上浮起两朵红云，不好意思地低下了头，心中却比吃了饴糖还要甜蜜百倍。

> 君讳弗，眉之青神人，乡贡进士方之女。生十有六年而归于轼，有子迈。君之未嫁，事父母；既嫁，事吾先君先夫人，皆以谨肃闻。其始，未尝自言其知书也。见轼读书，则终日不去，亦不知其能通也。其后，轼有所忘，君辄能记之。问其他书，则皆略知之，由是始知其敏而静也。（《亡妻王氏墓志铭》节选）

这一天，苏轼正在大声地背《孟子》："敢问何谓浩然之气？曰：难言也。其为气也，至大至刚，以直养而无害，则塞于天地之间——"背着背着他突然忘了词，记不起下一句是什么了。

正在为难之时，妻子轻轻地说："其为气也，配义与道；无是，馁也。"

苏轼大吃一惊："娘子也曾背过《孟子》？"

王弗一笑："奴家未曾背过，只不过听官人天天诵读，自然就耳熟罢了。"

苏轼不信，让她再背，王弗脱口而出："是集义所生者，非义袭而取之也。"

苏轼惊喜万分："娘子在家里可曾读过什么书？"

王弗脸一红:"父亲只让读《女诫》之类的书。不过,我也偷偷读些李商隐、白乐天的诗。"

苏轼笑着说:"难怪娘子写得一手好字,又能取出'唤鱼池'这样的好名,果然是深藏不露的才女啊!是为夫小瞧你了,失礼失礼!"说着对着妻子一拱手。

王弗受宠若惊,忙万福还礼:"官人严重了,奴家也只是随口一说。"

苏轼一笑,拉着她的纤纤玉手说:"娘子这么漂亮的手,每天只煮饭绣花真是可惜了,以后有空的时候,你也可以读书写字,咱家藏书千卷,我们可以一同赏读啊!"

王弗笑着点了点头,苏轼更是心花怒放。妻子貌美如花,又德才兼备,自己真是三生有幸,三生有幸啊!

03 人生若只如初见

婚后不久,苏轼就和弟弟苏辙一起进京赶考。经过三峡时他看到了神女峰,不由得想起了家中的妻子,于是写下了这首《蝶恋花》。

蝶恋花
苏轼

记得画屏初会遇。好梦惊回,望断高唐路。燕子双飞来又去。纱窗几度春光暮。

那日绣帘相见处。低眼佯行,笑整香云缕。敛尽春山羞不语。人前深意难轻诉。

那一天,他去老师家拜访,隔着画屏看到了小师妹的倩影。

"弗儿,快来见过你子瞻师兄。"王方轻声地唤着女儿,王弗这才缓步走了过来。

她一脸娇羞,如含苞未放的飞来凤花,看了苏轼一眼,然后低头行了个万福礼。苏轼忙施以回礼,王弗淡淡一笑,又悄悄躲在父亲身后，双手摆弄着一方小手帕，抿着小嘴唇偷偷地看着苏轼又沉默不语。

人生若只如初见。苏轼忘不了第一次见到小师妹时的样子，低垂的小脸，羞涩的眼神，浅浅的笑窝，宛如一朵初露尖尖角的小荷，亭亭玉立，文静柔婉。窈窕淑女，君子好逑。小师妹如此娇羞可人，苏轼也不禁对她萌生了爱慕之情。

苏轼在词中化用了"高唐"的典故，相传屈原的弟子宋玉是位世间罕见的美男子，他曾写过一篇《高唐赋》，讲述了楚王在梦中遇到巫山神女，二人在云梦高唐中琴瑟相和、朝云暮雨的故事。

典故中的神女源于中国神话中的巫山神女，她是天帝的女儿，名唤瑶姬，还没有出嫁就芳华早逝，被葬于巫山的南侧，魂魄化为灵芝仙草。《高唐赋》中，宋玉让楚王与神女相会，不仅是谈情说爱，更是希望能得到神女庇护，保佑国泰民安，君主康健。

"朝云暮雨"本是指神女高深莫测的万般变化，但后人却把它理解为男欢女爱之词，并借用元稹的诗句"曾经沧海难为水，除却巫山不是云"来比喻爱情的忠贞。苏轼借"高唐"这个典故，也是表达对妻子王弗的思念之情。

都说小别胜新婚，苏轼的诗中字字句句都是爱的呼唤、情的表白，怪不得人们都说苏大才子是个痴心人，所以才会写出如此情深意切诗词。相信妻子看到后一定会脸红心跳，害羞并快乐着！

第二章
十年生死两茫茫

01　识人术

　　1061年，苏轼到凤翔府去做判官，王弗和儿子苏迈陪其前往。这是苏轼第一次远离父亲和弟弟，苏洵深知苏轼性情，对儿子初次上任原本很担心，可是一想到他身边有王弗这个贤妻帮忙把关，又把忐忑不安的心放稳下来。

　　苏轼天生率真坦诚，不拘小节，说话办事直来直去。而王弗虽比苏轼小两岁，但看问题却比他全面仔细得多。苏轼办公回来，她不仅会端茶倒水，嘘寒问暖，还会仔细地问他一些公务方面的事情。发现苏轼有什么地方处理得不够妥当，她都好言相劝，教他如何在做事时考虑得更周全。

　　王弗常对苏轼说："官人，我们初来乍到，对许多人和事都不太了解，所以办事一定要处处小心，三思而后行哦！"

　　苏轼惊叹道："娘子说的话怎么和父亲大人如出一辙？"

　　王弗笑而不语，苏轼恍然大悟："你啊，真是太聪明了！家有贤妻，夫复何求？"

　　王弗听后，又低下头来，露出粉嫩的脖颈，苏轼见了对其更加爱怜了。

　　当家里来了客人，王弗就会躲在屏风后面，一边做女红，一边仔细地听苏轼和客人之间的对话。因为苏轼心直口快，有时不知自己哪句话说得不妥当，所以让妻子暗地里为自己把把关。

　　从轼官于凤翔。轼有所为于外，君未尝不问知其详。

曰："子去亲远，不可以不慎。"日以先君之所以戒轼者相
语也。轼与客言于外，君立屏间听之，退必反覆其言，曰：
"某人也，言辄持两端，惟子意之所向，子何用与是人言。"
有来求与轼亲厚甚者，君曰："恐不能久，其与人锐，其去
人必速。"已而果然。(《亡妻王氏墓志铭》节选)

这一天，苏轼把客人送走以后，妻子从屏风后走了出来。苏轼
笑着问："弗儿，这位客人怎么样？口才可谓一流吧！"

王弗轻轻地摇了摇头："官人，这位客人的口才的确不错，但
他的观点有些偏激，容易走极端。你的观点原本是正确的，为什么
要帮这种人说话呢？"

苏轼沉默了一会儿，仔细回忆刚才和客人的对话，感觉妻子的分
析很有道理，于是拉着王弗的手说："汉武帝喜欢金屋藏娇，我也来个
屏风藏娇。从今开始，娘子就是我最隐秘也最有力的幕后师爷了！"

王弗脸一红："弗儿哪有那么厉害？只是希望官人多交君子，
不被小人利用罢了。"

过了几日，家中又来了一个客人，他和苏轼并不熟，但见了苏
轼就一顿神夸，还说了许多想要义结金兰的话，似乎能为苏轼两肋
插刀。苏轼也很高兴地和他称兄道弟，后来听说他有小事求于自
己，就拍着胸脯满口答应。

客人走后，王弗一脸担心地说："官人，君子喻于义，小人喻
于利。君子把仁义道德放在首位，而这种人利字当头，他说了许多
阿谀奉承的话，就是想要取悦你，好让你帮他做事。他不是真拿你
当朋友，而是在利用你啊！"

苏轼一听恍然大悟。王弗又说："这种小人不值得交往，更不
能答应帮他办事，否则会吃大亏的，还是远离为妙。"苏轼忙点头
称是，渐渐与这样的人拉开了距离。

过了一段时间，这些人的真实嘴脸果然暴露无遗。苏轼笑着对妻
子说："娘子，你的识人术太准了，这些人果然都不值得交往啊！"

王弗不好意思地低下了头，轻声地说："弗儿也是怕你一时意
气用事，不小心进入他人的圈套罢了。"

苏轼将妻子轻轻地搂在怀中，就像抱着一块天上掉下来的宝贝。夫妻二人从此更加密不可分，恩爱无比。

02　鸳鸯亭

"千门万户曈曈日，总把新桃换旧符。"又是一年新春至，苏轼也迎来了在凤翔府过的第一个新年。辞旧迎新之时，他又想起了京城的父亲和弟弟，于是写了三首贺岁诗相寄，《守岁》就是其中的第三首。

守　岁

苏轼

欲知垂尽岁，有似赴壑蛇。

修鳞半已没，去意谁能遮。

况欲系其尾，虽勤知奈何。

儿童强不睡，相守夜欢哗。

晨鸡且勿唱，更鼓畏添挝。

坐久灯烬落，起看北斗斜。

明年岂无年，心事恐蹉跎。

努力尽今夕，少年犹可夸。

辞旧迎新的鞭炮正在"噼里啪啦"地大声歌唱，似乎在与过去的一年挥手告别。而苏轼却因思念京城的亲人而郁郁寡欢，一个人喝着闷酒。儿子苏迈毫无睡意，嚷嚷着要和大人一起守岁。王弗陪着他一边玩耍，一边等待着新年的到来。

更鼓的声音从远处传来，叩打着苏轼孤独的心扉。他独自坐在窗前，眼睛却向远处眺望，天边的星斗已经开始横斜，窗前的灯花也慢慢坠落。时光易老，亲人易散，只有活在当下，珍惜眼前人，才能不让岁月成蹉跎。想到这里，他站起身来，向妻子和儿子走去……

都说陪伴是最长情的告白，闲暇时苏轼也喜欢牵着妻子的小手，时而在东湖边漫步，时而在亭中饮茶观鱼，宛若鸳鸯双栖蝶双飞，真是对神仙伴侣啊！

清同治十年，凤翔府西凤营参将常瑛，受知府李慎的委托重新在东湖的桥上修建了一座鸳鸯亭。这座亭子为六柱双顶亭，远远看去，就像两只鸳鸯双栖于水中，不离不弃。

亭上匾额书写着"鸳鸯"两个鎏金大字，十分醒目。红圆柱，琉璃瓦，飞檐高翘，雕梁画栋，亭中彩绘的内容正是苏轼和王弗的爱情故事。人们徜徉在鸳鸯亭中，看着画中的人物，读着动人的故事，也情不自禁地为他们深厚的感情所打动。

03　不思量，自难忘

一生一世一双人是多么美丽的梦想，但现实总是那么残酷。

1065 年春天，王弗身染重疾，一病不起。苏轼请来当地名医，又写信向好友求良方，亲自为她熬药煎汤。

"衣带渐宽终不悔，为伊消得人憔悴。"然而苏轼的痴心并没有换来上苍的回心转意，妻子最终还是抛下苏轼和七岁的儿子，撒手人寰。

苏轼扑倒在亡妻棺椁上痛不欲生："弗儿啊弗儿，我们不是说好要白头到老的吗？你怎么只陪我走了十一年，就忍心弃我而去！弗儿啊，你才二十七岁就芳华早逝，让我一个人在这个世上苟延残喘，形影相吊，太孤独了！没有你，谁还伴我红袖添香夜读书，谁还为我屏后听语识人心，谁还与我月下漫步唤鱼跃，谁还听我诉尽平生不得志？弗儿——娘子——"

苏轼的泪化成雨声潺潺，却无法将妻子从另一个世界唤回。妻子去世十年，他仍对她念念不忘，并在密州的寒夜写下了千古绝唱《江城子》。

江城子·乙卯正月二十日夜记梦

苏轼

十年生死两茫茫，不思量，自难忘。千里孤坟，无处话凄凉。纵使相逢应不识，尘满面，鬓如霜。

　　夜来幽梦忽还乡，小轩窗，正梳妆。相顾无言，惟有泪千行。料得年年肠断处，明月夜，短松冈。

　　梦中，一个熟悉的身影，正坐在雕着花纹的窗棂前，对着铜镜梳妆打扮。那粉嫩如桃花的小脸，细若新月的眉毛，两个浅浅的梨涡，和当年的王弗一模一样。

　　十年过去了，她还是那么娇艳美丽。可苏轼呢？头发斑白，满面沧桑，早已不再是当年那个英俊潇洒的少年郎。

　　王弗也看到了苏轼，惊讶地瞪大了眼睛，似乎不敢相信眼前这个黑瘦的男人，竟然就是自己朝思暮想的丈夫。

　　苏轼从她的眼神中读懂了疑惑，忍不住长叹一声："唉，真是一言难尽啊！自从你走了以后，我的仕途就一路坎坷，从杭州漂泊到密州，不仅要忍受天寒地冻之苦，还要和百姓一起捉蝗虫，抗旱灾，救弃婴。天天风吹日晒，又忙又累，食不果腹，结果沦落成这般模样！"

　　王弗听后心疼得直掉眼泪，却难以上前安慰。两个人就这样默默地看着，任凭眼泪像断了线的珍珠簌簌滴落。

　　天边，月亮已不再那么圆润丰满，倚在高高的树梢上，呆呆地看着两个人的身影，似乎也触动了自己的心事，轻声地叹息，连光芒也比平时清冷了几分。

　　苏轼看了看残月，想到家乡的松冈应是一片苍凉阴郁。那些树是他亲手栽种，寄托着他对妻子无尽的思念，春春夏夏秋秋冬冬，日日月月岁岁年年……

　　很多夫妻都会被问到同一个问题："两个相爱的人，如果天地永隔，谁更痛苦？"大家的答案不谋而合——活着的人。

　　正如李白在《长相思》中所说："天长路远魂飞苦，梦魂不到关山难。长相思，摧心肝。"

　　苏轼从梦中醒来，泪雨朦胧中挥别亡妻。一切，再也回不去了！

第三章
杨花似雪，犹不见还家

01 二十七娘

有一种女人，她并不聪明，但很善良；她并不漂亮，但很贤惠；她并不善言辞，却心灵手巧；她并不求大富大贵，却只想白头到老。

王闰之就是这样的一个女人。

她是苏轼第一任妻子王弗的堂妹，字季璋。按照家中排行，乳名"二十七娘"。

二十二岁才嫁人，她在当时已属大龄剩女。难道闰之是在追求晚婚吗？非也，非也！

王闰之比苏轼小11岁，从小就听家人说这个姐夫多么有才，又看到他与堂姐相亲相爱，对其也是暗生情愫的。所以，任凭媒婆跑断了腿，磨破了嘴，她死活就是不嫁。因为她的心里早有了意中人，只是在等待一个合适的机会罢了。

宋代男子娶三妻四妾是司空见惯的，王闰之本想以后能给姐夫做个小妾，没想到堂姐芳华早逝，自己名正言顺地续了弦，登堂入室做了夫人。或许，这就是天意吧！

苏轼娶王闰之也是有私心的，儿子苏迈只有七八岁，正需要母亲照顾，而王闰之既是小姨，又为人温顺，做后妈最合适；亲上加亲，双喜临门，所以王弗去世不到一年这门亲事就定了。当苏轼丁忧期满，二人便入了洞房，王闰之多年的梦想也终于成真。

而苏轼也并没有看错人，王闰之对苏迈视若己出，即使她又先后生了两个儿子（苏迨和苏过），仍能对三个孩子一视同仁。苏轼看着孩子们围着王闰之嬉戏欢笑，心中暗暗庆幸：我真是又娶了个好媳妇啊！

02 读你

1073年岁末，苏轼奉命到常州等地赈灾，白天四处奔波，马不停蹄，辛苦至极。到了晚上则夜不能寐，辗转反侧，倍加思念住在杭州的家人。

因为公务太忙，苏轼连过年都不能回去和家人团聚，只能在异地他乡遥祝家人安康喜乐。大年初一，他突然接到妻子的来信，信中言语不多，却洋溢着挂念和祝福，期盼苏轼早日平安归来。

苏轼拿着妻子的书信，激动得直掉眼泪。"独在异乡为异客，每逢佳节倍思亲。"而今正是举家团圆之际，门外热闹的鞭炮声反而显得他的小屋更加清冷，身影更加孤单。于是他将信打开又折起，折起又打开，翻来覆去读了千万遍，就像费翔一首老歌中唱的那样："读你千遍也不厌倦，读你的感觉像春天……"意犹未尽，他又提笔写下一首《减字木兰花》，托人送到杭州家中。

减字木兰花
苏轼

晓来风细。不会鹊声来报喜。却羡寒梅。先觉春风一夜来。
香笺一纸。写尽回文机上意。欲卷重开。读遍千回与万回。

一封家书，寄托着妻子对苏轼浓浓的牵挂，而这封书信，也像一团火苗，温暖了苏轼孤独寂寞的心房。

喜鹊报喜，寒梅吐香，都不及妻子的信笺让人欢愉。一句"欲卷重开"画面感十足，苏轼拿着这张薄薄的书信，却仿佛牵住了妻子温柔的小手，久久久久，不舍松开。

"流光最易把人抛，红了樱桃，绿了芭蕉。"时光如白驹过隙，很快就到了三月底，苏轼仍然在润州赈灾，忙是一天的主打歌。转眼间又到了暮春时节，漫天杨花飞舞，苏轼想起去年妻子送自己离开杭州时，白雪也如柳絮飘舞，不由得又心生感慨，诗兴大发。

少年游·润州作代之寄远

苏轼

去年相送，余杭门外，飞雪似杨花。今年春尽，杨花似雪，犹不见还家。

对酒卷帘邀明月，风露透窗纱。恰似姮娥怜双燕，分明照，画梁斜。

相见时难别亦难，在那个白雪纷纷的下午，苏轼站在城门外，与妻子洒泪而别。漫天的雪花飘飘洒洒，如点点杨花，又如滴滴离人泪。

而今半年已过，杨花又似春雪在风中轻舞飞扬，可是远行的人还是不能还家，就像这四处飘散的杨花，难以找到想要的归宿。燕子在梁间呢喃，苏轼仿佛看到一个熟悉的身影，正打开轩窗，向明月遥拜，用那娇柔的声音诉说着绵绵的思念与祝福。

东晋谢道韫将白雪比喻成"未若柳絮因风起"，得到了"咏絮才"的美名。而苏轼把雪花与杨花巧妙地互喻，一春一冬，一真一幻，时空转换中散发出灵动的诗情画意，也更渲染了相见不得的相思之苦。

03　风雨无阻

苏轼为何对王闰之如此依恋，主要是因为她一直能包容和支持自己，给予自己不离不弃的陪伴，相濡以沫的慰藉，久久绵长的支持。

乌台诗案让苏轼差点儿掉了脑袋，好不容易才死里逃生。被贬黄州后，他又陷入了人生的最低谷，难以自拔。在最痛苦孤独的日子，是王闰之及时赶到，陪他走过这漫长清冷的岁月。王闰之不善言辞，每日默默地照顾苏轼的饮食起居。她从不打扰他的思考，也不夸大他的痛苦，让他自然地排解心中的烦恼，帮他重新燃亮希望的火种。

黄州的日子很苦，王闰之却从不抱怨什么。她每天既要去地里干活，又要照顾两个年幼的孩子，还要管理家务，招待来往的客人和亲友。不得不佩服王闰之真的很能干！

正因为她把家里家外操持得井井有条，苏轼才有闲情雅致和朋友在雪堂聊天，在赤壁泛舟，在月下漫步，在山寺谈禅。苏轼对王闰之的不舍，是一种生活的习惯，一种精神的依赖，而这种关系的纽带，则是二人之间同甘共苦、风雨无阻的真爱。

1092年春，苏轼正在颍州任太守。这一夜，月色如水，清流天地，将一树梅花也滋润得娇艳盛开，尽显冰姿仙骨。

王闰之看着这满树芳华，笑着对苏轼说："春月比秋月更可人，秋月令人感伤，而春月令人愉悦。如此曼妙的花好月圆之夜，何不把你的朋友请来共度这良辰美景呢？"

苏轼一听大喜："我竟然不知道原来夫人也是一位诗人，你刚才说的这几句话很有诗意和理趣啊！"于是他请来三五好友来家做客，大家一起树下赏月看花，谈笑风生，而苏轼也没有忘记王闰之说的那些话，把它们自然地融入诗词之中。

减字木兰花·春月

苏轼

春庭月午，摇荡香醪光欲舞。步转回廊，半落梅花婉娩香。

轻云薄雾，总是少年行乐处。不似秋光，只是离人照断肠。

自古逢秋悲寂寥，在许多人眼中，秋月寄托了太多的离愁和相思，散发着清冷孤独的光芒。而春月则像少女，在风中翩跹起舞，在花间低吟浅唱。

这首诗词中既有春夜的幽静、月光的浪漫，又有梅花的幽香、美酒的荧光、云雾的缭绕，隐隐约约似乎还有说笑声、音乐声、觥筹交错声此起彼伏，人生及时行乐的欢快场面跃然诗行间。诗人从视觉、听觉、嗅觉等多种角度着笔，让读者宛若身临其境，如痴如醉。

其实春月也好，秋月也罢，都是天上同一轮月。而赏月之人境遇不同，心态不同，则流露出的思想感悟也不相同。

王闰之的几句话，其实是想让苏轼能开心一点儿。苏轼来到颍州后并不很快乐，交友会客也少了很多，常常一个人在月下发呆。王闰之看在眼里，疼在心中，因此以赏花为由，希望他能和朋友小聚，以排解和忘却心中的烦忧。不得不佩服，她真的是苏轼的贤内助啊！

给你我的全部，你是我今生唯一的赌注。红尘千山万里路，我陪你朝朝暮暮。

王闰之将自己一生的爱都给了苏轼，为他在人生低谷的黑暗岁月中点亮了一片温暖又明亮的灯火。只可惜自古红颜多薄命，王闰之再好，也没能陪苏轼生死到白头。1093年，苏轼从扬州回到京城不久，王闰之就因病故去，时年四十六岁。

二人相伴二十多年，辗转了十多个城市，经历了太多的生离死别，但他们的感情却比玉石更纯洁，比钻石更坚固。而今天地永隔，苏轼想起王闰之陪伴自己走过的一程程坎坷之路，感慨万千，泪如雨下。

祭亡妻同安郡君文

苏轼

维元祐八年，岁次癸酉，八月丙午朔，初二日丁未，具位苏轼，谨以家撰酒果，致奠于亡妻同安郡君王氏二十七娘之灵。呜呼，昔通义君，没不待年。嗣为兄弟，莫如君贤。妇职既修，母仪甚勤。三子如一，爱出于天，从我南行，菽水欣然。汤沐两郡，喜不见颜。我日归哉，行返丘园。曾不少须，弃我而先。孰迎我门，孰馈我田。已矣奈何，泪尽目干。旅殡国门，我实少恩。惟有同穴，尚蹈此言。呜呼哀哉，尚飨。

东坡的世界千疮百孔，幸好有闰之帮他缝缝补补。

三个妻子中，王闰之最勤劳能干，也最让苏轼依恋，所以他才会在王闰之去世后悲恸欲绝，许下死后合葬的诺言。

生同衾，死同穴。在天愿作比翼鸟，在地愿为连理枝。

苏轼与王闰之携手同行二十三载，经历了花开花落，也走过了山高水长，即使无意间走散，也不必太悲伤，梦中自有相会，心中自有回响……

第四章
佳人相见一千年

01 西湖歌女

神宗熙宁四年（1071），苏轼因反对王安石变法而被新党排挤，于是他请求外放为官，一叶小舟将其和家眷送到了美丽的杭州。

这一天，苏轼和朋友泛舟西湖，推杯换盏，好不热闹。好酒好菜，好山好水，怎能没有歌舞助兴？于是苏轼又请来歌伎表演。管弦声袅袅升起，一群彩衣仙子从云雾间下落凡尘，长袖轻舞，衣袂飘飘，客人们看得如痴如醉，竟然忘了喝杯中的美酒。

众多舞女中，有一个瘦高的女孩格外醒目，她站在最中间领舞，身着一件绣满彩色蝴蝶的淡粉色长裙，就像是一朵亭亭玉立的芙蓉花含苞待放。

苏轼仔细打量着这个女孩，她看上去也就十二三岁的样子，一身仙气，飘逸动人。脸如三月的桃花，眉若四月的柳叶，鼻子像五月的春山，小嘴是六月的樱桃，而一双水灵的大眼睛，仿佛金秋九月熟透的紫葡萄，圆润莹亮。

她跳起舞蹈来，轻若蝴蝶，飘若彩云，旋转如水上清波荡起的涟漪，身上的彩带如飞虹凌空，裙子上的彩蝶上下飞舞。这哪里是西湖的歌女，分明是从吴道子画中走出的仙女啊！

不知不觉曲终人散，而客人们还沉醉在刚才曼妙的歌舞中久久不能自拔。苏轼对领舞的女子不禁暗自喜欢和欣赏，将其叫过来想要给些打赏。

再次出现的女孩，脱下了刚才跳舞时闪光的服饰，换上一袭淡藕色的长裙，更显得清纯可人。"清水出芙蓉，天然去雕饰。"李太白的诗句不由得脱口而出，苏轼对这个女孩越来越喜欢了。

"你叫什么名字？哪里人氏？为何小小年纪就在此处跳舞啊？"苏轼轻声地问道。

女孩子拜了个万福，柔声回应："小女子姓王，名朝云，字子霞，吴郡钱塘（今杭州）人氏，今年十二岁。因为家境贫寒，父母将我送到艺馆学习音律舞蹈，以求日后能谋一条生路。"

苏轼见其才貌绝伦，身世可怜，于是将其纳为侍女。王朝云听后忙跪地拜谢，从此，她不仅成了苏轼的私人歌伎，更是他的红颜知己。

收了美妾，苏轼心情大好，和客人们继续谈笑风生，觥筹交错。不知为何外面忽然天色大变，刚才还是晴空万里，顷刻间阴云密布。急急忙忙的风吹着慌慌张张的雨，大大小小的珍珠从天庭中散落坠下，落入西湖的玉盘之中，"叮叮咚咚"地唱起了歌。

一场疾风骤雨过后，碧空很快又珠帘轻卷，天色放晴。西湖就像一位破涕为笑的美人，脸上荡着梨涡，眼角还闪着泪光，更显楚楚动人。苏轼不觉灵感大发，提笔在诗板上写道：

饮湖上初晴后雨（其二）

苏轼

水光潋滟晴方好，山色空蒙雨亦奇。

欲把西湖比西子，淡妆浓抹总相宜。

苏轼巧妙地把西湖与西施联系到一起，温柔的湖水，美丽的女子，在变幻莫测的江南雨的衬托下，更加清丽脱俗，妙不可言。

千百年来，这首诗已经成为赞美西湖最响亮的名片，而谁又能想到，苏轼作此诗的灵感，竟然来自十二岁的王朝云！

02 红颜知己

王朝云不仅能歌善舞，也爱诗词歌赋，后来又学习参悟佛法，和苏轼更有共同语言。她聪明伶俐，从小就陪在苏轼身后，十八岁成了他的侍妾，摸透了苏轼的喜好与个性，成为最懂他的知音。

哲宗即位后，苏轼东山再起，重回京城做高官、享厚禄，但苏轼并不感到痛快。他既看到了变法的弊端，又不完全同意司马光等人的做法，夹在新党和旧党之间坚守着自己的立场，结果两面得罪人，左右不讨喜，让他也很无奈。

苏轼喜欢养生，每天饭后都喜欢拍着大肚皮，在院子中走来走去。这一天，苏轼和往常一样，解开上衣露出微凸的肚皮，一边拍一边问大家："你们说，我这里面装的是什么啊？"有人说是文章，也有人说是谋略，只有朝云笑着说："苏大学士装了一肚子的不合时宜！"苏轼一听，顿觉眼前一亮，哈哈大笑："最知我者，唯朝云也！"

许多男人做梦都想有一个红颜知己相伴一生，但是千金易得，知音难求。苏轼身边也有一些美女娇娥做妾，但是朝云在他心中的位置却是不可替代的。

王闰之去世后，朝云承担起照顾苏轼饮食起居、操持家务的所有重任。苏轼晚年被贬惠州时，遣散了其他小妾，只带朝云远赴岭南，可见这个女子对他来说有多么重要。

惠州酷暑炎热，端午之前也是十分闷热的，苏轼看到朝云忙碌得香汗淋漓的样子很心疼，希望能借沐浴佩兰的方式为妻子祈福。

浣溪沙·端午
苏轼

轻汗微微透碧纨，明朝端午浴芳兰。流香涨腻满晴川。

彩线轻缠红玉臂，小符斜挂绿云鬟。佳人相见一千年。

端午节是我国的传统佳节，在南方更是习俗众多，仪式感满满。佩戴香囊，挂艾草，吃粽子，喝雄黄酒，赛龙舟，热闹非凡。

惠州虽很偏僻，但当地百姓对此节日也很重视，朝云入乡随俗，包粽子，做香囊，忙得不可开交，汗水很快就湿透了翠绿色的衣裙。

苏轼想起屈原在《楚辞》中写的："浴兰汤兮沐芳，华采衣兮
若英。"也想给妻子烧汤沐浴，水里再放些花瓣、艾草之类，让她
洗去满身的疲惫，浑身上下都散发着淡淡的清香。

然后再在她那宛如白玉的胳膊上，系上五彩丝线；在纤纤一握
的腰间，系上装满香草的绣花香囊；再于如云的鬟间，斜插一枚小
小的银球香囊，红色的流苏轻轻下垂，走路时轻轻在耳畔飘摆，更
显妖媚动人。

苏轼愿让所有的吉祥如意都环绕在朝云身边，为爱妻祈福平安
喜乐，而最后一句"佳人相见一千年"更是全词的点睛之笔，希望
能与朝云相依相伴，天长地久，永不分离。

03 白莲花

别看王朝云能歌善舞，是个活泼可爱的文艺女青年；但另一方
面，她也喜欢研究佛法，是个文静贤淑又十分虔诚的佛教徒。

她一心向佛，很有悟性与灵性，所以在参禅时也别有一番收获
和感悟。早在 1077 年，苏轼还在徐州做太守时，朝云就和泗上比
丘尼义冲学习《金刚经》。到了惠州以后，朝云又拜当地名僧为师，
做起了俗家弟子，在家带发修行。

1095 年 5 月 4 日，端午节的前一天，苏轼看到妻子在窗下坐
读经书，那宁静端庄的样子，更显圣洁动人，宛如水中白莲花，可
远观而不可亵玩焉。

赠朝云

苏轼

白发苍颜，正是维摩境界。空方丈、散花何碍。朱
唇箸点，更髻鬟生彩。这些个，千生万生只在。

好事心肠，著人情态。闲窗下、敛云凝黛。明朝端
午，待学纫兰为佩。寻一首好诗，要书裙带。

苏轼容颜苍老，但心无挂碍，清净如水。而妻子如散花的天

女，智慧通达，别有一番神韵。苏轼看着瘦弱娇小的妻子闲坐窗前，相伴青灯黄卷，不由得又心生怜意，想在明天的端午节也为她佩戴兰花，更显优雅高洁之美。

　　佳节将至，苏轼心心念念的都是朝云，连写两首诗词为其祈祷祝福，可见他对朝云的爱恋几十年如一日，从未改变。写情书，作情诗，是东坡先生最浪漫的爱情表达方式。看似有些肉麻，但细细读来，都是暖暖的爱意，稳稳的幸福！

第五章
不与梨花同梦

01　惟愿孩儿愚且鲁

元丰六年（1083）九月二十七日，四子苏遁生于黄州，苏轼很喜欢这个小宝贝，给他取乳名为干儿，并在"洗三礼"上特意作了一首《洗儿诗》。

洗儿诗

苏轼

人皆养子望聪明，我被聪明误一生。

惟愿孩儿愚且鲁，无灾无难到公卿。

别人家养孩子，都希望孩子越聪明越好，望子成龙，望女成凤。而苏轼却与众不同，偏偏希望儿子越笨拙越好。因为苏轼就是一个"聪明人"，却聪明反被聪明误，一生颠沛流离，不得安生，所以他宁愿孩子愚笨一些，一辈子平平安安，快快乐乐。

苏遁天生俊秀可爱，眉眼和苏轼长得很像。虽然还不会说话，也不识字，但对书本却格外亲，看着苏轼读书的样子，他也追着父亲伸着小手来要。如果你拿梨子和栗子给他，他却摇着小脑袋，嘴里喃喃地说着"不"，好像知道这样做不好。苏轼在黄州时期内心十分委屈痛苦，很少言笑，可每当看到可爱的小苏遁时，苏轼的脸上就会露出会心的笑容。

小天使的到来给苏轼灰色的生活增添了几抹亮色，但是，或许他太可爱了，很快又被重新召回到天上。

1084 年，皇帝开恩将苏轼从黄州调往汝州，在路过金陵时，因为天气炎热，全家人都中了暑。小苏遁身体虚弱，整日萎靡不振，哭闹不止。家里一下子就失去了欢乐的气息，苏轼请来许多郎中，也试了各种药方，但都无济于事。可怜的小苏遁，还没有过周岁生日，就在船上夭折，令苏轼夫妻痛不欲生。

哭干儿

苏轼

吾年四十九，羁旅失幼子。

幼子真吾儿，眉角生已似。

未期观所好，蹁跹逐书史。

摇头却梨栗，似识非分耻。

吾老常鲜欢，赖此一笑喜。

忽然遭夺去，恶业我累尔。

衣薪那免俗，变灭须臾耳。

归来怀抱空，老泪如泻水。

我泪犹可拭，日远当日忘。

母哭不可闻，欲与汝俱亡。

故衣尚悬架，涨乳已流床。

感此欲忘生，一卧终日僵。

中年忝闻道，梦幻讲已详。

储药如丘山，临病更求方。

仍将恩爱刃，割此衰老肠。

知迷欲自反，一恸送余伤。

中年丧子，肝肠寸断，四十九岁的苏轼一夜间似乎又苍老了许多。再看朝云，早已哭成个泪人。

怀胎十月，孩子是母亲身上掉下的一块肉。这是朝云第一次做母亲，也是唯一的一次，苏遁就是她生命的延续。然而，儿子刚刚十个月就意外夭折，还没来得及清楚地叫一声"娘亲"，就这样永远地闭上了眼睛，这让哪一个做母亲的能接受得了呢？

婴儿的小衣服还放在架子上，可是婴儿床铺却是空荡荡的，朝云将儿子的小被子紧紧搂在怀里，仿佛抱着襁褓中的干儿，母乳像喷泉似的不断涌出，流了一床，只可惜干儿却再也无法张开小嘴尽情吮吸了。

朝云一天天不吃、不喝、不眠，就是哭，哭她苦命的儿子，也哭苦命的自己。她也想一死了之，好去另一个世界去陪伴干儿，苏轼和家人苦苦相劝，她才断了这个念头，但整个人却憔悴极了，眼睛也肿得像个桃子似的，她已经没有眼泪可流了……

苏轼看着朝云悲恸欲绝的样子，心中充满了愧疚之情。他恨自己无能，孩子自出生以来就居无定所，四处漂泊，以致身染疾病，不治而亡。他恨自己无回天之力，读了那么多的书，却找不到一个好药方救儿子的命……

苏轼一边暗暗自责，一边宽慰朝云："再多的眼泪也换不回我们的干儿，日子还要继续过下去，千万不要哭坏了身体。我已经失去了儿子，不能再失去你了！"

02　风中有朵雨做的云

失去了爱子的朝云，变得更加少言寡语。她虽然没读过几本书，却对佛法产生了兴趣，儿子死后，她更相信佛法无边，于是天天念经礼佛，希望儿子能进入西方极乐世界，也希望自己有一天也能离苦得乐。

1094 年，苏轼被贬到岭南惠州，那里环境恶劣艰苦，瘴气也很重。其他小妾都不愿意相随，只有朝云执意相伴，于是苏轼遣散其他侍妾，只带朝云远赴绝境。

苏轼的偶像白居易曾有一个美丽的小妾名叫樊素，因长着"樱桃口"而闻名遐迩。白居易六十多岁时，中风得了偏瘫，为了不耽误美人的后半生，他卖掉心爱的马匹，让樊素拿着钱去找个好人家嫁了。樊素服侍白居易十年，也有很深的感情，舍不得离开，但又好意难却，二人最终还是洒泪而别。

朝云也是苏轼买来的歌伎，陪他走过了二十三年的风霜雪雨，无论是乌台诗案苏轼身陷囹圄，还是黄州惠州的艰苦环境，朝云都一直陪伴在苏轼身边，不畏艰险，不离不弃，这才叫真爱！

论美貌，她不及樊素；但论情义，却比其胜上百倍。难怪苏轼夸她"敏而好义"，果然是世间少有的痴情女子啊！

到了惠州，朝云虽然心系佛法，但也免不了终日为生活所操劳，日久天长，积劳成疾，再加上蛮烟瘴雨的侵袭，让她倒在榻上一病不起。苏轼遍请名医，却难以回春。在生命的最后一刻，朝云还在念着《金刚经》中最后的四句偈："一切有为法，如梦幻泡影。如露亦如电，应作如是观。"最终化作一阵香风散去，年仅三十四岁。

苏轼先失爱子，又失美妾，双重打击让他越来越感到孤独和悲痛。他按照朝云的遗愿，将其下葬到惠州西湖南岸栖禅寺的松林里，还亲自为朝云书写了墓志铭。

朝云墓志铭

苏轼

东坡先生侍妾曰朝云，字子霞，姓王氏，钱塘人。敏而好义，事先生二十有三年，忠敬若一。绍圣三年七月壬辰卒于惠州，年三十四。八月庚申，葬之丰湖之上，栖禅山寺之东南。生子遁，未期而夭。盖尝从比丘尼义冲学佛法，亦粗识大意。且死，诵《金刚经》四句偈以绝。铭曰："浮屠是瞻，伽蓝是依。如汝宿心，惟佛之归。"

令人不解的是，王朝云下葬后的第三天，发生了一件很奇怪的事。那一天惠州突然天降暴雨，翌日清晨，苏轼再次来到朝云墓前，竟然发现五个巨大的脚印，苏轼大惑不解："难道朝云是被天神带到了天上成仙去了？"

栖禅寺的和尚为了纪念朝云，特意在她的墓前修筑了一个亭子，因为朝云临终前念过《金刚经》的四句偈语，所以将此亭命名为"六如亭"。苏轼为其亲手写下楹联，以表达对这个红颜知己的无限深情。

> 不合时宜，惟有朝云能识我；
>
> 独弹古调，每逢暮雨倍思卿。

"每当天空又下起了雨，风中有朵雨做的云；每当心中又想起了你，风中有朵雨做的云。"当风雨交织，当思念来袭，东坡先生常常一个人坐在窗前，弹奏朝云生前最喜欢唱的曲子，泪雨淋漓……

03　天上人间

"流水落花春去也，天上人间。"朝云去世后，苏轼对其一直念念不忘，写了许多诗词表示哀悼和怀念，字里行间流淌着太多的回忆、爱恋与不舍。

西江月·梅花

苏轼

玉骨那愁瘴雾，冰姿自有仙风。海仙时遣探芳丛，倒挂绿毛幺凤。
素面翻嫌粉涴，洗妆不褪唇红。高情已逐晓云空，不与梨花同梦。

梅，既是"岁寒三友"之一，又位于"花中四君子"之列。它冰肌玉骨，超凡脱俗。岭南瘴气弥漫，而梅花却自有仙人风度，用来形容朝云的高洁情操再合适不过。

即使素面朝天，风姿依旧绰约，梅花追求的那种境界，又岂能与梨花同日而语？苏轼表面上是赞美梅花，实则是悼念朝云，借物抒怀，寄托了对朝云的一往情深和无限思恋。

我们常说苏轼是个痴情种，他悼念亡妻王弗的《江城子》已成为千古绝唱。但从数量来看，他为朝云写的悼念诗词更多，特别是这首《雨中花慢》，同样感人肺腑，催人泪下。

雨中花慢

苏轼

嫩脸羞蛾，因甚化作行云，却返巫阳。但有寒灯孤枕，皓月空床。长记当初，乍谐云雨，便学鸾凤。又岂料、正好三春桃李，一夜风霜。

丹青入画，无言无笑，看了漫结愁肠。襟袖上，犹存残黛，渐减余香。一自醉中忘了，奈何酒后思量。算应负你，枕前珠泪，万点千行。

王朝云十二岁就被苏轼买回府中做私人歌伎，十八岁纳为侍妾，二人虽然相差25岁，却也心有灵犀，老夫少妻别有一番情趣。

苏轼看着自己曾经为朝云画的画，闻着身上残留的朝云的香气，却再也不能为其画眉，观其歌舞，与其一同谈论佛法。那个陪自己红袖添香的人早已化作彩云飞到了天上，只留下一个孤孤单单的白头老翁，独对着漫长寒夜，暗自悲叹，泪流满面。

苏轼被贬惠州时，心情也曾一度低落，朝云曾唱他写的《蝶恋花》为其排解内心的烦忧。"枝上柳绵吹又少，天涯何处无芳草？"每当朝云唱到这两句时，常常暗自难过，有时情不自禁啜泣落泪，不能自已，连后面的曲调都唱不下去了。

东坡不解："我正在悲秋，你怎么伤起春来了？"

朝云无奈地说："我伤的不是春，而是老爷您啊！"

苏轼脸色一变："伤我什么？"

朝云用手帕擦拭着泪水说："老爷才气过人，一生忠正，却总被奸人陷害，而今又沦落到此地，朝云怎么能不悲呢？"

苏轼听后也被朝云的一片真情打动，果然是自己的红颜知己啊！他笑着安慰朝云说："天涯未必处处都有芳草，但子瞻身边有了朝云，就时时刻刻都如同在春天里啊！"

朝云听罢，这才破涕为笑。

而今芳草依旧，佳人无踪，苏轼的心也变得空空荡荡。从此终生不复听此词，因为唱这首歌的人，那个最懂自己的人，已经化作蝴蝶飞走了……

卷四　长亭外——不应回首，为我沾衣

劝君更尽一杯酒，西出阳关无故人。

离别是一支幽怨的笛，呜呜咽咽地吹，纵

使万般不舍，也要送君千里之外，山一程，

水一程，长亭更短亭。

第一章
一曲阳关情几许

01　衣锦还乡

在凤翔府，初入官场的苏轼和新任太守陈公弼相处得并不愉快，不是被罚款，就是坐冷板凳，连"苏贤良"这样的称呼都不能叫，让苏轼感到很不爽。

但苏轼并不总为此事而烦恼，他在凤翔也交了一些新朋友，其中就有陈公弼的儿子陈慥。这个少年郎可比他爹开朗爽快得多，意气风发，文武双全，和苏轼一拍即合，结为好友。

而承事郎张元康和苏轼既是同僚也是朋友，二人白天一起共事，闲暇时赏月饮酒，交情也很不错。嘉祐七年（1062）三月，张元康要回秦州省亲，苏轼为其举杯饯行，作词为念。

渔家傲·送张元康省亲秦州
苏轼

一曲阳关情几许，知君欲向秦川去。白马皂貂留不住。回首处，孤城不见天霖雾。

到日长安花似雨，故关杨柳初飞絮。渐见靴刀迎夹路。谁得似，风流膝上王文度。

王维曾在送别诗《渭城曲》中云："劝君更尽一杯酒，西出阳关无故人。"而苏轼也巧用"阳关"二字来表达分离之意。

一曲《阳关》，到底可以寄托多少离愁呢？朋友即将远行，风吹杨柳，笛声悠悠，似乎都在为好友挥手送别。

"白马""皂貂"这些贵重的物品,代表着荣华富贵,但这些和亲情乡思相比,却都不值一提。

千金易得,家乡难归。

多少人背井离乡几十载,虽满身锦绣,高居显位,却再也不能踏上家乡的土地与亲人团聚,喝上一口故园的水。

张元康也在外任官多年,归心似箭,难以改变。苏轼也是有家难回之人,怎好阻拦好友回家的脚步?他很羡慕张元康,所以为他送上深深的思念和祝福。

在词的下片,苏轼想象着好友回到家乡时的热闹情景。当时正值暮春时节,长安城落英缤纷,秦州也是杨花漫天飞舞,许多百姓和士兵都在道边列队相迎,衣锦还乡的张元康是何等荣耀与威风啊!

"风流膝上王文度"是化用《世说新语》中的典故,王文度的父亲十分疼爱儿子,即使儿子长大了,也已为人父母,但还是常让他坐在自己的大腿上,像儿时一样亲昵,那种宠溺之情不言而喻。

而苏轼借用这个典故,用来表达张元康父母与儿子久别重逢时的喜悦和激动之情,他们不会把儿子抱在腿上,但一定会搂在怀里喜极而泣。乡邻们见到后,也一定会被这种幸福温馨的场面感动。

词人采用虚实结合的方法,以人物回乡的行迹为线索,把友情与亲情交织在一起,演唱了一首"一曲阳关情几许"的动人骊歌。

02　腹有诗书气自华

苏轼的另一个新朋友董传,是个年轻的书生。他虽为寒门子弟,一介布衣,但饱读诗书,才学过人,苏轼对其也是十分欣赏的。1064年,苏轼在凤翔府任期已满回京赴命,路过长安时和董传长亭道别,并赠诗一首以示勉励。

和董传留别

苏轼

粗缯大布裹生涯,腹有诗书气自华。

厌伴老儒烹瓠叶，强随举子踏槐花。

囊空不办寻春马，眼乱行看择婿车。

得意犹堪夸世俗，诏黄新湿字如鸦。

董传家境贫寒，穿不起绫罗绸缎，每天都是一身粗布衣服，很不起眼。但他满腹才学，谈吐不凡，气质不俗，同样也值得人们尊敬。

孔子的弟子颜回身居陋巷，但他以苦为乐，孔子夸他："人不堪其忧，回也不改其乐，贤哉，回也！"

宋代的大学士宋濂年少时四处求学，吃穿尽显寒酸，但他一心苦读，安贫乐道，笑言："因心有足乐者，不觉口体之奉不若人也。"

董传也是一个朴实无华的读书人，苏轼用对比的手法安慰与鼓励他：一个人真正的气质不在外表，而在于内在的学识和品德。

少年自当扶摇上，揽星衔月逐日光。

董传也不甘心一辈子过清贫的生活，立志参加科考改变命运。苏轼祝福他即使不能"春风得意马蹄疾，一日看尽长安花"，也可成为公卿富豪人家的东床驸马。金榜题名日，幸福满载归，也不枉读这十多年的圣贤书了。

苏轼的这首诗，不仅送给董传，也送给了全天下苦读的穷书生。

在古代，科考是许多寒士改变命运的唯一途径，所以才会有许多人五六十岁甚至七八十岁还热衷科举，痴心不改。

天下像董传这样穷苦的读书人数不胜数，而作为好友，苏轼也希望这样的年轻人能够一举高中，得以重用，实现抱负，为国效忠。

胸藏文墨怀若谷，腹有诗书气自华。

作为一个前辈，苏轼用诙谐、轻松的笔调加以鼓励和劝勉，巧用典故但不晦涩，语言亲切而毫无官腔，既说进了董传的心坎，又给他打气加油。

奔跑吧，后浪！莫欺少年穷，你的未来不是梦！

03 再回首

刘禹锡在《陋室铭》中说："谈笑有鸿儒，往来无白丁。"

而苏轼没那么讲究，他的朋友众多，不分男女老少，无论身份贵贱。凡是谈得来的，看得顺眼的，都可以称一声"朋友"。梅庭老就是其中的一个，虽然他并无什么名气，也不知具体的籍贯和年纪，但能入苏轼的诗词中，也足见二人情义的真挚。

浣溪沙·送梅庭老赴上党学官

苏轼

门外东风雪洒裾。山头回首望三吴。不应弹铗为无鱼。

上党从来天下脊，先生元是古之儒。时平不用鲁连书。

梅庭老要去上党（今山西长治）任学官，官职并不大，但此人的才学并不浅。苏轼称之为"古之儒"，足见梅庭老博学广识。

"三吴地区"指的是江苏、浙江一带，苏轼与其在此地分别，应该是在江南杭州等地为官时期。

寒梅吐蕊，柳烟如织。门外的东风呼唤着春天的脚步，飞雪星星点点，洒落在梅庭老的衣襟上，似乎也是苏轼惜别的泪。

送君千里，终有一别。苏轼对老友说："等你登上高高的太行山时，一定不要忘记再回首看看曾经生活过的三吴大地。你的老朋友在那里等你呀！"

梅庭老苦苦一笑："怎么会忘呢！上党哪有江南舒服？也没有像你这样的好友啊！"

苏轼拍拍他的肩："上党虽然不比江南温暖湿润，但你也千万别学齐国弹铗而歌的冯谖，为了生活清苦而怨天尤人。既来之，则安之。待任期结束，我们再一起叙旧。"

老友点点头："好的，到时再一醉方休。"

王之涣曾在《登鹳雀楼》中说："欲穷千里目，更上一层楼。"只有站在高处，才可俯视一切。多少有志之士，登高而望，抒发雄心壮志，希望有一天能功成名就，衣锦还乡。

上党高耸入云，自古就有"与天为党"之说，又称"天下脊"。而梅庭老也有治国平天下的夙愿，但现在天下太平，所以他只能做个安稳的学官，不必像《史记》中的鲁仲连一样为战乱而费心劳神。

鲁仲连本是战国时期齐国人，当时一员燕将占领了聊城，并和燕王产生了嫌隙。齐国大将田单久攻不下，于是鲁仲连就写书信给守城的燕将，给他两条路可以选择。一是放弃聊城回归燕国，和燕王重归于好；二是投降齐国，享受高官厚禄，但也会背负叛国求荣的骂名。

燕将读此信后痛哭流涕，犹豫不决，几天后自缢而亡。田单趁势夺回聊城，而鲁仲连立了首功一箭，却不愿接受封赏，最终选择了隐居生活。

苏轼引用鲁仲连的典故，既夸赞了好友的才华和志向，又指出他现在不被重用的原因，表达了对老友遭遇的同情和勉励。苏轼以乐观的心态和真诚的笔调，开导老友安心工作，莫图功名，也可有所作为，自得其乐。

杨绛先生曾说过："人生没有如果，只有后果和结果。"

有时我们无法选择环境，改变命运，却可以顺势而为，适应环境，与命运和解。

苏轼送给朋友的诗词中充满了祝愿、不舍和鼓励，他用博大的襟怀和乐观的心态，为好友们绘上一幅美丽的图画，而他则化作一枚小小的印章，静静地守在画卷的一角，继续为他们祈祷与祝福。

第二章
惟有一江明月、碧琉璃

01 忘年交

说起忘年交，很多人都会想起东汉的祢衡和孔融，一个击鼓骂曹，一个七岁让梨，都是历史上响当当的人物。刚弱冠的祢衡与已进入不惑之年的孔融相差 20 岁，却因性情相投成为好友，千百年来一直都被传为美谈。

在杭州，苏轼也有自己的忘年交，他就是大自己 20 岁的太守陈襄。

陈襄，字述古，侯官（今福建福州）人，因居古灵，所以又叫"古灵先生"。当苏轼还是个五六岁的孩童，天天背"子曰""诗云"时，陈襄已经高中进士，担任蒲城县的主簿，让许多陈年疑案得以昭雪。他为人刚正不阿，曾身居要职，多次被排挤出朝廷，但仍气节不改。

苏轼来杭州作通判的第二年，陈襄调来做太守，二人性情相投，结为挚友。在陈襄身上，苏轼学到了许多为人处世之道，对其更加敬重不已。二人亦师亦友，工作之余也常一起泛舟西湖，饮酒作诗，互为知音。

1074 年，苏轼公出回杭不久，就听到陈襄任职期满将要调往陈州的消息。临行之前，陈襄在有美堂宴请宾客，苏轼作词相赠。

"有美堂"源于宋仁宗的两句诗："地有湖山美，东南第一州。"

当年，大臣梅挚离京赴杭州上任时，仁宗特作此诗送别。梅挚到达杭州后，在吴山之巅修建了一座房屋，取名"有美堂"以谢君恩，还特意请好友欧阳修为其作《有美堂记》。而今，苏轼又要与陈襄天各一方，心中太多不舍，都化作一句句诗行。

虞美人·有美堂赠述古

苏轼

湖山信是东南美，一望弥千里。使君能得几回来？
便使樽前醉倒更徘徊。

沙河塘里灯初上，水调谁家唱？夜阑风静欲归时，
惟有一江明月碧琉璃。

是谁在敲打轩窗，送清风入怀？是谁在拨动琴弦，弹唱这醉人的《水调》？

华灯初上，玉盘高悬。人影散乱，举杯畅饮，用他们最热情的方式，为太守陈襄饯行。可大家脸上洋溢着笑容，内心却涌动着浓浓的不舍。

王勃曾在诗中说："无为在歧路，儿女共沾巾。"男人之间的分离，不能像小情侣那样腻腻歪歪，特别是当着这么多同僚的面，既要隐忍，又要释放，怎么办？喝酒就是最好的寄托！于是宾客们推杯换盏，高声说笑，都争着向陈襄敬酒："陈大人，此地一别，不知何日再见，请再饮一杯！"

陈襄也知此次分离，和某些人很可能是今生永别，心有千言万语难以抒怀，只好高举酒杯："不必多言，一切尽在酒中！"

词的上片通过夜色中的杭州美景来表达一种离别的不舍，下片则增添了背景音乐来烘托凄清的气氛。最后一句"惟有一江明月碧琉璃"，既写出了江月一色的曼妙美景，也赞美了苏轼和陈襄之间纯真的友情，就像这明月一样皎洁，江水一样长久，琉璃一样珍贵。

02 收泪唱阳关

陈襄即将远行，朋友、同僚自然舍不得他离开，大家轮流做东，竞相宴请，多次举行送别宴，苏轼也在饯别过程中共写下七首

诗词，有的是表达自己的心声，有的则是替官妓而写。

这一天，苏轼与陈襄泛舟西湖，下船后又在孤山寺的竹阁内设宴，当时正有一些同僚作伴，又有歌伎请苏轼代笔作词，这首《江城子》就是席上的一首。

江城子·孤山竹阁送述古

苏轼

翠蛾羞黛怯人看。掩霜纨，泪偷弹。且尽一尊，收泪唱《阳关》。漫道帝城天样远，天易见，见君难。

画堂新构近孤山。曲栏干，为谁安？飞絮落花，春色属明年。欲棹小舟寻旧事，无处问，水连天。

"黛"是青黛，古代美女画眉的颜料。"翠蛾羞黛"是美女的代称，所以这首词开篇就可看出，苏轼换位思考，将自己想象成常为陈襄歌舞表演、受其很多恩惠爱怜的官妓，言语中自然多了几分柔情和娇羞。

许多官员和歌伎之间都是逢场作戏，几多新人换旧人。不少歌女也是水性杨花，所以他们之间的感情一般不会太真或太久。然而这位官妓却有些例外，她似乎对陈襄动了真感情，所以才会哭着求苏轼代其写词，特意唱给陈襄听。

古代歌伎的地位并不高，成为官妓之后，也不如小妾受人重视，像王朝云那样的幸运儿还是极少数。而今在这么多达官贵人面前，她更是不好意思痛哭流涕，满怀的痛苦又难以排解，却还要强颜欢笑献上歌舞，心中那种矛盾之情不知如何诉说，只好手执绢扇偷偷哭泣。

陈襄虽然年过半百，又贵为太守，但待人和气，对这些歌伎也很温柔与尊重，所以当他离开时，她们才对其恋恋不舍，只能不断地举杯敬酒，与其共醉。

但见这位官妓擦干眼泪，抱起琵琶再次上台，为陈太守演唱一曲《阳关》。她含着泪一边弹奏，一边暗想：都说西出阳关无故人，而今我们也将天各一方，再想见面比登天还要难。就让这首歌，捎去我对你的思念，当你再听到琵琶声时，别忘了曾有人为你流泪唱《阳关》。

有美堂轩阁华丽，亭台依山傍水，栏杆雕刻精美，人在其中，如在画中游。而这孤山寺曲径通幽，为离别之情又增添了一抹悲凉的底色。凭栏眺望，西子湖笑靥如花，可是官妓却满脸春雨。她不知陈太守走后，自己将会与谁共赏有美堂的雕梁画栋，又会与谁泛舟西湖？

落花飘飘，春天即将远去，再遇桃红又要等上一年。而陈襄此行，不知何时再见，一年，两年，五年，十年，或是今生无缘重逢。

遥想明年春日，官妓乘一叶小舟，凌波于西子湖上，却再也找不到熟悉的身影，旧日的笑声。天还是天，山还是山，水还是水，云还是云，但此花非彼花，归燕非旧燕。纵使有缘再见，太守若得了新欢，忘了旧人，这份惦念和情思也失去了重力，只能像杨花一样随风飘散，无处安身。

整首词诉说着官妓浓浓的离愁别绪，让我们简直忘了苏轼的存在，眼前明明就是一个多情的女子在转指低吟，如诉如泣。一曲唱罢，座中泣下谁最多？杭州太守青衫湿。

03 一枕初寒梦不成

再动人的景色，再醉人的美酒，再痴情的歌声，也无法挡住陈襄远行的脚步。临行那一天，苏轼送好友一程又一程，来到临平（今余杭）一带时，陈襄对他说："子瞻，送君千里，终有一别，不要再送了，咱们就此分别吧！"

苏轼点点头："也罢，老兄，一路多保重！"

"保重！"陈襄对他叮嘱道，"子瞻，你还年轻，杭州也只是你的一个逆旅而已，新法会有废除的那一天，你也会有峰回路转的时刻。"

"老兄，愿借你吉言。保重，常来信！"苏轼一拱手。

"保重！"陈襄与苏轼拱手而别。

苏轼站在原地，望着陈襄的车影渐渐缩小成一个黑点，又彻底地消失于远方，才慢慢地转身离去。

回来的路上，苏轼备感失落和孤独。晚风凄凄，残灯斜照，秋雨迷离中，一个熟悉的身影又逐渐浮起，在苏轼的眼前清晰又模糊，模糊又清晰。苏轼摇了摇头，用长袖拭了拭脸上的泪痕，低声吟道：

南乡子

苏轼

回首乱山横，不见居人只见城。谁似临平山上塔，亭亭，迎客西来送客行。

归路晚风清，一枕初寒梦不成。今夜残灯斜照处，荧荧，秋雨晴时泪不晴。

远山起伏，回首相望，只见高城，不见友人。苏轼就像那临平山上的高塔，亭亭而立，送客远行，目光中闪烁着太多的不舍、伤感和无奈。

晚风，寒梦，残灯，秋雨。处处笼罩着凄凉与孤寂，而苏轼也难耐心中的悲戚，流下汩汩热泪，与迷离的秋雨交织在一起，分不清哪滴是雨，哪滴是泪。而当雨停时，苏轼却依旧泪流不止，可见他对好友的怀念至深，至真，至久！

陈襄去陈州赴任后，修八字沟，排除城中水涝灾害，一次次造福百姓。两年后，他再次被召回京城，一路高升。然而陈襄春风得意时，从未忘记苏轼等好友，他在朝期间，多次向神宗举荐司马光、苏轼、苏辙、曾巩等33人，以尽伯乐之职。

元丰三年（1080）苏轼因乌台诗案被贬到黄州做了罪官，同年三月，陈襄在开封去世，享年六十三岁。

苏轼闻讯后把房门紧闭，一个人躲在小屋里泣不成声。夜色阑珊，他摇曳着脚步，独自走到定慧院的梧桐树下，遥望着天边的那钩残月，泪如雨下，哽咽着吟诵道："归路晚风清，一枕初寒梦不成。今夜残灯斜照处，荧荧，秋雨晴时泪不晴……"

第三章
相逢一醉是前缘

01 归去应须早

1073 年江淮各地发生大面积的瘟疫，苏轼奔走于常州、润州、苏州、秀州等四地之间做赈灾工作，过年时忙得连家都回不去，累得衣带渐宽人憔悴。工作之余，他对家人、老友的思念也是溢于言表，有时忙里偷闲也寄一两封书信寒暄几句。

第二年春天，苏轼终于忙完了救灾的工作。在从京口返回钱塘的路上，他又想起了老友同僚，于是写了一首《卜算子》感怀过去的流金岁月。

卜算子·感旧

苏轼

自京口还钱塘道中

蜀客到江南，长忆吴山好。吴蜀风流自古同，归去应须早。

还与去年人，共藉西湖草。莫惜尊前仔细看，应是容颜老。

苏轼是蜀地人，来到小桥流水人家的江南，自然忘不了这里如画如诗的美景。但苏轼并不会被湖州等地的山水绊住脚步，毕竟自己是那里的客人，处理完公务，欣赏完美景，还是要及时返回杭州与亲友团聚，一句"归去应须早"足见其归心似箭。

在他乡，苏轼又想起了过去在杭州和老朋友们一起游玩的情景，大家在西湖边上对酒当歌，谈古论今，何等逍遥快活！美好的时光总是转瞬即逝，而今明月犹在，清风犹在，苍山犹在，西湖犹在，只是当老友再重逢时，大家会惊异地发现，苏轼因工作操劳而面色憔悴，两鬓斑白，变得更老了！

苏轼虽然在不少诗词中都流露出对湖州等地山水的渴慕之情，但是他很有"地方情结"，在哪里为官久了就会不由自主地爱上此地，把它当作自己的第二故乡。

一转眼他来杭州上任已经三年多了，很自然地就会将杭州当作"家乡"一样留恋。这次虽然是公出，但一别也是半年左右，难免会想家。妻子的一封家书，能让他快乐很多天；朋友的一首诗词，也能让他高兴得多喝几杯酒。而今马上就要回家，他更是心花怒放，字里行间有喜悦、有怀念，也有对时光的追忆、对友情的珍惜。

02　白牛居士

"天阶夜色凉如水，卧看牵牛织女星。" 900 多年前的一个七夕之夜，苏轼不与娇妻美妾卿卿我我，而是与一位大哥引吭高唱："朋友一生一起走，那些日子不再有，一句话，一辈子，一生情，一杯酒！"这到底是怎么回事呢？

让苏轼如此"动情"的男人名叫陈舜俞，字令举，乌程（今浙江湖州）人。曾多次弃官归隐于秀州的白牛村，所以自号"白牛居士"。

熙宁七年（1074），苏轼在杭州接到了被调往密州做太守的调令。而此时王安石已经罢相，陈令举再次复出，他与苏轼相聚，一起携手同行，游山玩水，酬答唱和，而这首《鹊桥仙》就是其中的代表作。

鹊桥仙·七夕
苏轼

缑山仙子，高清云渺，不学痴牛騃女。凤箫声断月明中，举手谢时人欲去。

客槎曾犯，银河波浪，尚带天风海雨。相逢一醉是前缘，风雨散、飘然何处？

"缑山仙子"王子乔，是东周灵王的太子，本名姬晋，又称

"太子晋"。他天资聪慧，不慕繁华，喜欢静坐吹笙。多年后的一个七夕之夜，他乘坐白鹤羽化成仙。

苏轼开篇就化用"王子登仙"的典故，为友人远行设置了一个比较轻松的背景音乐，冲淡了别离的伤感；同时也暗示了苏轼对王子乔成仙的羡慕之情，说明自己也有一样的高洁情操和美好心愿。

词的下片化用了"晋人遇仙"的神话故事，比喻苏轼与陈令举友情的小船可以乘风破浪，踏歌而行。而"相逢一醉是前缘"，点明了相聚时把酒言欢的痛快，"风雨散、飘然何处"则流露出离别之意的无奈和感慨。

这虽然是一首送别词，却并不缠绵悱恻，也不凄婉悲痛，而是清新脱俗，飘逸自然。既表现出对友人的不舍，又流露出对友情的歌颂，打破了以往七夕诗词惯有的爱情模式，让这种男人之间的情义作为主旋律，洋溢着天风海雨逼人之势，让人拍案称奇。

1075 年春，王安石再次拜相，陈令举遭新党人的排挤而被贬官。这一次，他决定彻底归隐，永不复出，于是在白牛村著书立说，第二年病逝于家中。苏轼闻讯后十分悲伤，痛哭不已。好友去世三年后，他又为其书写祭文，而此文被南宋陆游称为苏轼写过的最催人泪下的祭文。

在苏轼眼中，陈令举是一个天才，聪慧能干，德才兼备；他也是个全才，多才多能，集百家之所长。

穷则独善其身，达则兼济天下。当陈令举的意见不被采纳时，他宁可归隐山林，也不愿与世俗同流合污；而当对手下台时，他又继续出山，为君主献计献策，为苍生谋利求福。

没想到，他们分开仅仅两年，就成了天地永别，朋友真的羽化成仙，驾鹤西游了。留下孤独的苏轼，看着天上那轮孤月，却找不到友人的身影。或许，他早已化成一阵风，一朵云，一颗星，一滴雨，就在自己的身边，却又隐匿得无影无踪……

03　会须一饮三万场

陈襄走后，新任杭州太守是苏轼的老友杨元素，二人久别重逢，自然有聊不完的话语。数月后，苏轼任期已满，将要赶赴密州，杨元素的心中也充满了不舍和担忧。

密州就是现在的山东诸城，距离杭州约 740 千米。杨元素问苏轼："密州又远又冷，听说你还是主动请调，不知为何？"

苏轼一笑："还不是为了子由嘛！我们兄弟一别，已经多年未见，密州和他所在的齐州（今济南）不都在山东嘛，我就是想离他近一点儿而已。我家兄弟姐妹原本六人，而今只剩下我和子由二人，父母又已不在，都说长兄如父，我能不挂念和担忧他吗？"

杨元素一听，点头称是："都说血浓于水，你兄弟二人的情义也够深的了。只是听说密州环境恶劣，你在这温柔富贵乡生活久了，怕初去不适应啊！"

苏轼点了点头："杭州好似人间天堂，我的确很舍不得。可这里再好也只是一处逆旅，不可久居。密州虽然偏远，但毕竟离齐州近一些，也方便我们兄弟二人日后相见。"

见苏轼去意已决，杨元素设酒宴送别，二人一边饮酒，一边吟诗，离别之情尽在杯中、词中、泪语中……

南乡子·和杨元素

苏轼

东武望余杭，云海天涯两渺茫。何日功成名遂了，还乡，醉笑陪公三万场。

不用诉离觞，痛饮从来别有肠。今夜送归灯火冷，河塘，堕泪羊公却姓杨。

密州与杭州遥遥相望，却只能看见山连山，云遮云。相隔千里，不见故人，两位好友想到此处也只能一声长叹。

苏轼率先打破这种沉默，他举杯笑言："等我们功成名就时，一起衣锦还乡，举杯同庆，痛饮三百杯！"

杨元素摇了摇头："三百杯哪里够？要喝就要喝个够！来个三万场，那才痛快！"

苏轼点头："对对对，我老友张方平喝酒就论顿，一顿喝倒一片，顿顿喝也不醉。到时我们也敞开肚皮，喝他个三万场，喝上个一百年！"

杨元素朗声大笑："好好好，痛快痛快！只可惜，杭州的百姓舍不得你走，这几天总有人打听你何时出发，乡亲们要给你送行呢！"

苏轼感叹地说："杭州的百姓实在是太好了，我和陈襄能在此地为官，真是荣幸。"

杨元素说："你为百姓办了太多实事，疏通六井，不增赋税，不搜刮民脂民膏，待他们像亲人一样，百姓们自然会真心回报，这一点我要向贤弟好好学习哦！"

苏轼连连摇头："不敢当，不敢当。西晋军事家羊祜在湖北襄阳做官时，当地百姓对其十分爱戴，在其去世后，特意在岘山为其建庙立碑，年年祭拜。远远看着他的墓碑，人们没有不流泪伤感的，所以此碑又称'堕泪碑'。你也姓杨，他也姓羊，我觉得你们二人真的很像啊！"

杨元素脸色一红："贤弟的意思我明白，你放心，我在此地做太守，一定会像你和陈大人一样，尽心竭力，不求有功，只愿多为百姓做实事，不落骂名罢了。"

苏轼一笑："元素兄太谦虚了，相信你一定能造福一方，会像羊祜那样被百姓爱戴。来，我替杭州百姓先敬你这新官一杯！"

杨元素也笑了："那我也替杭州百姓，回敬你这老官一杯！"

"请！""请！"两个杯子碰到了一起，两颗心也融到了一起。

苏轼一生好友众多，杨元素就是其中很重要的一个。二人分离之后，经常书信往来，友情从没有间断过。有趣的是，二人都在时隔多年后再次来到杭州任职，百姓们夹道欢迎，果然是和杭州太有缘啦！

但不同的是，苏轼一生宦海沉浮，晚年又被贬到惠州和儋州，至死也没有实现衣锦还乡、归隐田园的梦想。而杨元素则在晚年弃官南下，来到广东海阳县定居，纵情山水，写书著文，闲适自得，一直活到八十五岁。

第四章
千里快哉风

01 怀民亦未寝

乌台诗案后，苏轼被贬到黄州，很多朋友为了避嫌都对其"敬而远之"。苏轼也如惊弓之鸟，经过了一段时日的自闭和反省后，才重新推开房门，脱下长袍，戴上斗笠，开荒种地，化身东坡先生，将人生调换为另一种打开方式。

元丰六年（1083），也是苏轼在黄州的第四个年头，一个叫张怀民（字梦得，又字偓佺）的官员也被贬到了黄州，和苏轼一样居无定所，只好寄宿在承天寺，听着钟磬木鱼的声音，一天一天又一天。

"同是天涯沦落人，相逢何必曾相识。"苏轼与张怀民一见如故，很快就成了好友。

记承天寺夜游
苏轼

元丰六年十月十二日夜，解衣欲睡，月色入户，欣然起行。念无与为乐者，遂至承天寺寻张怀民。怀民亦未寝，相与步于中庭。庭下如积水空明，水中藻荇交横，盖竹柏影也。何夜无月？何处无竹柏？但少闲人如吾两人者耳。

一天夜里，苏轼看外面月色正浓，顿时困意全无。想到独乐乐不如众乐乐，于是就去承天寺找张怀民一起赏月。二人在月下漫步，看到月光下松柏的树影，苏轼脑洞大开，说它们像池塘中的水草交错，张怀民笑着点头称是。

半夜时分，两个大男人一起在月下并肩漫步，可以说是浪漫，也可以说是无聊。是的，苏轼也这么想，所以一句"但少闲人如吾两人者耳"的自嘲，把赏月的欣喜、漫步的悠闲、贬谪的悲凉、人生的感慨全都巧妙地融入其中。

如果不是反对王安石变法，苏轼和张怀民应该都在朝中做高官，天天忙着处理政务，哪还有闲情逸致大半夜不睡觉出来看月亮？

人生有失必有得，官场虽失意，文场却得意，苏轼因为种种经历而写下了不同感悟的作品，流传千古，也算是因祸得福吧？

此短文从宋代流传到了现代，又被网友炒出一个新梗——怀民亦为寝。

有网友说："怀民其实已经睡了，是硬被苏轼给敲醒的。"还有人说："怀民其实困极了，很想回去睡觉，可又不好意思扫苏轼的兴，只好打着哈欠奉陪到底。"

虽然众说纷纭，但大家还是被二人之间的友情所感动。

人生得一知己足矣，能有一个随时可以打扰、随叫都会奉陪的朋友更难。所以怀民是否就寝并不重要，重要的是他能陪苏轼一起度过最孤独痛苦的时光，这就是友情的可贵。

02　千里快哉风

总住在寺庙里也不是个办法，张怀民还有点儿积蓄，于是就在江边搭建了一个小茅草房搬了进去，并在新宅的西侧又建了一个亭子，可以坐观滚滚长江之壮丽景色。

怀民请苏轼为其起名，苏轼大笔一挥，"快哉亭"三个大字跃然纸上，怀民拍手叫绝："妙哉！大气！"苏轼一笑，又疾笔如风，写下一曲《水调歌头》一并送给好友。

水调歌头·黄州快哉亭赠张偓佺

苏轼

落日绣帘卷，亭下水连空。知君为我新作，窗户湿青红。长记平山堂上，欹枕江南烟雨，杳杳没孤鸿。认得醉翁语，"山色有无中"。

一千顷，都镜净，倒碧峰。忽然浪起，掀舞一叶白头翁。堪笑兰台公子，未解庄生天籁，刚道有雌雄。一点浩然气，千里快哉风。

"兰台公子"指的是屈原的弟子宋玉。在他眼中，楚王所享受的风与百姓享受的风是不一样的，有雄风和雌风之分。

宋玉写《风赋》不是为了阿谀奉承，拍楚王的马屁，而是想让他放下奢华，重振雄风，达到"讽谏"的目的。虽然他的初衷是好的，但苏轼对宋玉的说法不敢苟同，他更认同庄子在《齐物论》中的观点，认为风是天籁之音，只有强弱不同，没有雌雄之分。

苏轼站在亭中远远眺望，惊涛骇浪，风云多变，气象万千，蔚为大观。远山、树林、人家，都尽收眼底。水雾缭绕，远山隐没于烟雨之间，似有似无，他才真正领悟出恩师欧阳修笔下"山色有无中"的妙处。

江面寥落，水波起伏，忽见一白发笠翁正驾着小舟在惊涛骇浪间上演"真人秀"，苏轼站在岸边暗自喝彩："厉害厉害，这才是水上漂的真功夫！"看着看着，他不由得又想起宋玉写的《风赋》，非要说什么雄风和雌风之别，真是可笑至极！

《孟子·公孙丑上》曾说过："吾善养吾浩然之气。""浩然"二字用在坦荡豁达的苏轼身上非常恰当，而词中那江上老者，不就是迎风而立、不畏惊涛骇浪的苏轼的化身吗？

"一点浩然气，千里快哉风"告诉我们：一个人在世上会遇到许多逆境，但只要具备了坚不可摧的浩然之气，就能超凡脱俗，随遇而安，享受千里清风，无限快意！

这首词写得大开大合，大起大落，雄奇奔放，激情四射，堪称苏轼豪放词的代表作。既能勉励好友，又可表明心志，让我们看到了东坡先生的大格局和大气场。

不要让环境左右你的心态，而是要用良好的心态去适应不同的环境。

做情绪的主人，真的很酷！

03 苟富贵，勿相忘

古人的墨主要源于松烟、油烟、炭黑，多为天然。到了汉代开始出现人工墨品，用模具让墨块定型，更坚实也更美观。《汉宫仪》中曾记载："尚书令、仆、丞、郎，月赐隃糜大墨一枚，隃糜小墨一枚。"这里的隃糜墨源于钟南山，在当时极为有名，所以才能成为朝廷的赏赐。

好的墨不仅要颜色浓黑，还要有光泽，讲求"丰肌腻理，光泽如漆"，苏轼所欣赏的宋代制墨大师潘谷所制的"松梵"又称"八松烟"，堪称"墨中神品"，连徽宗都视为无价之宝，御用珍品。潘谷去世后，苏轼还特意写诗哀悼："一朝入海寻李白，空看人间画墨仙。"可见苏轼对潘谷的敬仰和惋惜之情。

张怀民知道苏轼喜欢文房四宝，曾送给他两枚墨，外表光滑而不浮夸，光泽黑亮如童子的明眸，真是墨中佳品。赠文人好墨，就像送英雄宝剑一样，苏轼对墨视若珍宝，对怀民这份心意更是倍加珍惜，并特意做了《书怀民所遗墨》以作纪念。

> 世人论墨，多贵其黑，而不取其光。光而不黑，固为弃物。若黑而不光，索然无神采，亦复无用。要使其光滑而不浮，湛湛如小儿目睛，乃为佳也。怀民遗仆二枚，其阳云"清烟煤法墨"，其阴云"道卿既黑而光"，殆如前者所云，书以报之。

张怀民与苏轼同是天涯沦落人，但运气要比苏轼好很多。他被贬黄州不到一年，就又被重召入京。苏轼闻讯后大喜，腊八节这天，他又跑到张怀民的小屋里，和好友一起开怀畅饮。

南歌子·黄州腊八日饮怀民小阁

苏轼

卫霍元勋后，韦平外族贤。吹笙只合在缑山。闲驾
彩鸾归去、趁新年。

烘暖烧香阁，轻寒浴佛天。他时一醉画堂前。莫忘
故人憔悴、老江边。

好友即将回京赴任，苏轼也是百感交集，他替朋友高兴，也替
自己惋惜，他好想和张怀民一起重返京城，但等了四年也没有等来
天子回心转意的消息，他很失望，也很苦闷。

什么也不说了，全在酒里！

张怀民看着醉醺醺的老友，心里明白他的酸楚："子瞻兄，不
要灰心，皇上早晚会赦免和重用你的！"

苏轼苦笑着点点头："四年了，很多人都以为我死了，还有人
盼望着我死啊！有一次我得了眼疾，很久没有出门，他们就都说我
病死了。哈哈，据说连皇上都差点儿信以为真。"

张怀民端起酒杯说："老兄，都说大难不死，必有后福。你别
忘了自己可是苏贤良，百年第一啊！怎么能说死就死呢？不要再说
这些丧气话了！"

苏轼点点头："也罢！大丈夫立于天地间，就应该拿得起，放
得下。李太白不是说过'天生我材必有用，千金散尽还复来'吗？
我苏东坡也要等到还复来的那一天！"

"放心，老兄，相信你一定会等到那一天的。"张怀民举起了
酒杯。

苏轼点点头："借你吉言。苟富贵，勿相忘！你回到京城后，
可别忘了在黄州还有一个叫苏东坡的老朋友，正醉卧在快哉亭边，
听着长江的吼声夜夜难眠啊！"

张怀民笑了："我怎么会忘了你呢？半夜三更不睡觉，非要
'啪啪'砸我房门，让我陪你一起出来看月亮！这事，我一辈子都

卷四 长亭外——不应回首，为我沾衣

忘不了！”

　　"忘不了？"

　　"忘不了！"

　　他们忘不了，我们也忘不了。

　　忘不了一点儿浩然气，忘不了千里快哉风，忘不了黄州承天寺有两个闲人一同半夜赏月，一个叫苏东坡，另一个叫张怀民。

第五章
我思君处君思我

01　月暗孤灯火

1079 年苏轼离开徐州去湖州上任，和好友李公择相聚多日，相聊甚欢。

李公择，字元中，安徽桐城人，比苏轼大一岁。他知识广博，性情敦厚，多才多艺，尤善书画。

李公择和苏轼同朝为官，皆因反对王安石变法而被排挤出朝廷，四处奔波做小小的地方官。同病相怜，再加上志同道合，二人友情也与日俱增，平时书信、诗文来往不断。而今又到了暮春时节，友人即将远行，苏轼看着满天飞花，不觉又诗兴大发。

蝶恋花·暮春别李公择

苏轼

簌簌无风花自堕。寂寞园林，柳老樱桃过。落日有情还照坐，山青一点横云破。

路尽河回人转舵。系缆渔村，月暗孤灯火。凭仗飞魂招楚些，我思君处君思我。

不必风吹，无须雨打，落英缤纷，自在飞花。春天的尾声里，繁华也卸下了浓墨重彩，热闹的季节已经过去，园林里又一片青绿，恢复了往日的寂寞。唯有远处的青山，还在用力地刺破高天上的云朵，让落日的余晖多给大地一点儿最后的温柔，给客人一个温暖的回眸。

苏轼和李公择，慢慢地走在繁花落尽的路上，一个舍不得离开，另一个舍不得回去，即使到了路之尽头，苏轼还要借天上的明月来继续相伴。长夜孤灯，寒云朗月，也可以陪朋友一程一程又一程。

《楚辞·招魂》中，天帝派女巫招屈原离魂。苏轼也想回京得到朝廷重用，却不知何时才能实现。君主不想让苏轼归京，好友却不忍与苏轼分别，纵使相距千万里，也隔不断彼此间深深的牵挂与思念。或许，这就是"海内存知己，天涯若比邻"的真谛吧？

此时的苏轼，还沉浸在与好友离别的忧愁之中，却不知一个天大的灾难正向他逼近……

02 再见，黄州

1079 年七月，苏轼因"乌台诗案"而身陷囹圄，在京城的御史台大牢经历了 103 天的血雨腥风，差一点儿就被神宗砍了脑袋。幸好有太皇太后和王安石等人的求情，才让他死罪可免，活罪难逃，被贬为检校尚书水部员外郎、黄州团练副使。

苏轼在黄州苦苦熬了快五年，才终于迎来了峰回路转的时机。1084 年，神宗回心转意，让他去汝州上任。离别黄州时，苏轼内心充满了不舍。

别黄州

苏轼

病疮老马不任羁，犹向君王得敝帷。
桑下岂无三宿恋，樽前聊与一身归。
长腰尚载撑肠米，阔领先裁盖瘿衣。
投老江湖终不失，来时莫遣故人非。

黄州这个地方虽然偏僻、荒凉，但苏轼生活久了也对此产生了感情。本以为会在此地托付余生，没想到又将迁往他处。苏轼感觉自己就像一匹羸弱不堪的老马，难以再系上缰绳马鞍，为皇帝效命。可是皇恩浩荡，他又不好意思回绝，这或许就是他人生一次新的转折点，选对了方向，未来又将是一片光明广阔。

"桑下三宿"化用《后汉书》中襄楷的典故，意思是在一个地方时间久了，自然会对此产生依恋之情。在黄州生活四年多的时间内，孩子们都学会说当地的方言，苏轼也习惯了这里的生活，吃惯了自己亲手种的食物，再到他乡还真怕有些不适应呢！

手里的酒杯似乎变得格外沉重，因为它装载了太多的牵挂和留恋。肚子里还装着黄州产的粮食，脚下还踩着黄州的热土，耳边还听着长江的歌唱，但这些都不能改变即将远离的行程。苏轼也让人提前缝制阔领的衣服，他听说汝州人常患有一种大脖子病（饮水缺碘导致），怕到了那里水土不服也会染上，所以事先准备好"阔领衫"，以免穿着不适。

尽管做好了离别的准备，但苏轼也不是薄情寡义之人。他让大家帮忙照看自己的雪堂与东坡，不时地晒晒蓑衣与渔网，有空他还会回来和老友相聚，一同泛舟赤壁，一醉解千愁。

03　机关算尽，太聪明

苏轼离开黄州不久后神宗驾崩，哲宗上位，高太后辅佐听政，新法被逐渐废除，旧党人又被陆续召回了朝堂，苏轼终于守得云开见月明。

回京的日子逍遥快乐，锦衣玉食，高朋满座，"苏门四学士"齐聚京城，大家一起谈笑古今，把酒言欢，苏轼又迎来了人生的高光时刻。

表面上，苏轼连升六级，官位仅次于宰相，但是他内心并不痛快，仍然一肚子的不合时宜。再次陷入党派之争的他，害怕重蹈"乌台诗案"的旧辙，于是又主动请缨去做地方官。

1089 年，五十三岁的苏轼又回到天堂杭州，修西湖，筑苏堤，抗疫情，建医馆，少了吟诗作对的闲情雅致，却为杭州百姓带来了太多的福利和快乐。

三年后苏轼任职期满，回京复命前与新任太守林希（字子中）

交接。林希曾和苏轼同年考中进士，又一起在太常礼院共事，几十年的交情非同寻常。

苏轼被贬黄州时，作为新党分子的林希不但没有落井下石，反而多次写诗词鼓励友人；而苏轼也是个知恩图报的人，当他东山再起时，宰相蔡确想让他做起居舍人，苏轼却表示拒绝，还力荐林希担任此职。蔡确虽被苏轼的豁达感动，但并没有因此而答应。关键时刻，苏轼能放下素日恩怨，全力推荐不同阵营的朋友，可见他对林希的友情未变，更能显示出他的大格局。

这次二人好不容易再聚首，却又相见即别离，苏轼心中涌动着许多难以言表的情感，全都汇入这首《西江月》中。

西江月·送别

苏轼

昨夜扁舟京口，今朝马首长安。旧官何物与新官。只有湖山公案。

此景百年几变，个中下语千难。使君才气卷波澜。与把新诗判断。

苏轼先向老友讲述了自己这些年的颠沛流离之苦，就好像昨晚乘舟离开了京口，今早又要骑马向长安奔去。这些年他不是在上任的路上，就是在复命的路上，一个地方逗留短则十几日，长则四五年，就像一只风筝飞来飞去，四海为家，居无定所。

相见匆匆，离别匆匆，旧官又拿什么交给新官呢？苏轼苦笑了一下，西湖、吴山、公事、案件。老友，你准备好了吗？

林希也无奈地一笑，看着西湖美景，心中也是一片波澜。杭州美景盖世无双，百年来几度变迁，而今又在苏轼的改造下旧貌换新颜。自己能否胜任，一切还是未知，但老友的嘱托和希望不能辜负，还是要尽力而为。

于是他拿起桌上的酒杯，对着苏轼说："子瞻兄，请放心，我一定会全力以赴，对得起杭州百姓的信任。"

苏轼哈哈大笑："您林大人的才华就像这钱塘江水滔滔不绝，治理杭州没问题的。您看，这是我写的新诗，还要请您好好指点！"说罢，苏轼从袖中掏出一张纸递了过来，林希脸一红："子瞻兄不要取笑我，百年第一的才子在此，我哪敢班门弄斧啊？"

在苏轼眼中，林希是一个可以同甘共苦的真朋友。万万没想到，两人好了三十多年，竟然在晚年时分，友情的小船说翻就翻。

1093年高太后去世后，哲宗独立执政并重启新党人士，章惇再次上台成为权相。林希为了巴结章惇，竟然在好友苏轼的背后捅刀子，丝毫不念旧情，最终苏轼被贬到惠州、儋州等地，林希"功"不可没。

然而"报应"很快就来了，林希受他人挑唆又和章惇发生矛盾，不久也被贬出京城。1100年，六十四岁的苏轼大难不死，从海南儋州又回到了内陆。路过江苏时，他听说林希染了伤寒，病了十几天就撒手人寰，无奈地摇了摇头："林子中这个人啊，聪明一世，糊涂一时，最终什么也没得到，却遗臭无穷。哀哉！哀哉！"

"机关算尽太聪明，反误了卿卿性命。"林希聪明反被聪明误，最终赔了官职又送命，真是太悲哀了！害人者客死他乡，被害者化险为夷，这就是传说中的"天道好轮回，苍天饶过谁"吧？

苏轼一生交友无数，有的友情长存，有的反目成仇，有的渐渐断了来往，有的则天涯若比邻。但苏轼并不像武松那样，有仇必报，有恩必报。他有一颗博大的心，你对我好，我会对你更好；你对我不仁，我却不会对你不义，相信老天自有安排！

卷五 宦海沉浮——此心安处是吾乡

黄菊篱边无怅望，白云乡里有温柔。

人生就像一程接一程的旅行，站台是终点，也是新的起点。回家，离家，归来，出发。

此心安处，便是吾乡。

第一章
望湖楼下水如天

01 山中访友

在世人眼中，杭州是天堂，风景如画，物产丰富，黄发垂髫，怡然自乐。而在苏轼眼中，杭州似故乡，既可修心养性，又能实现自我价值，让他如鱼得水，乐此不疲。

在杭州，苏轼遇到了许多老朋友，也结识了不少新朋友。山水可以怡情，寺庙可以安心。十二月的一天，苏轼去孤山游玩，特意去拜访他的老朋友——惠勤、惠思两位高僧。

腊日游孤山访惠勤惠思二僧

苏轼

天欲雪，云满湖，楼台明灭山有无。

水清出石鱼可数，林深无人鸟相呼。

腊日不归对妻孥，名寻道人实自娱。

道人之居在何许？宝云山前路盘纡。

孤山孤绝谁肯庐？道人有道山不孤。

纸窗竹屋深自暖，拥褐坐睡依团蒲。

天寒路远愁仆夫，整驾催归及未晡。

出山回望云木合，但见野鹘盘浮图。

兹游淡薄欢有余，到家恍如梦蘧蘧。

作诗火急追亡逋，清景一失后难摹。

那天的天气并不好，阴沉沉的似乎要降一场大雪。湖面上乌云密布，远处的山峦楼台似有似无，如诗如幻。苏轼一想到即将见到两位高僧，心情愉悦，一路欣赏山路两侧的风光，并不在意天气的阴晴。

清波游鱼，密林苍竹，曲径通幽，鸟鸣上下，几座不大的禅房隐于花木深处。窗外秋风瑟瑟，仿佛在唱着一首清冷的歌；室内禅香袅袅，两位禅师端坐在蒲团上，闭目打坐。苏轼的来访打破了小屋的宁静，三个人围坐一起讲禅论诗，谈笑声不绝于耳。

不知不觉天色已晚，车夫轻轻敲门提醒天寒路远，该赶路回家了。苏轼这才依依不舍地拜别两位高僧，一边欣赏黄昏时分的山中景色，一边回味着刚才交流时的趣味，脸上露出满意的笑容，而这种快乐是他人难以理解的。

到了山下，苏轼忍不住回望来时的路，雪尚未下，天尚未晴，烟云依旧，青山隐隐，一只野鹊在古塔上空盘旋，苏轼微微一笑："老兄，你也舍不得离开啊！"

夜幕悄然降临，苏轼的心却久久难以平静。到家后，他来不及和妻儿共进晚餐，先忙着提笔把这一天的所见所感记录下来。

看似平淡的日子，因为有好友相伴，就会变得别样温馨；看似平凡的景色，因为用心去观赏，就会发现其中的妙处。

原来，生活处处皆美景，人间日日皆可爱！

02 西湖美

西湖究竟有多美，不同的文人墨客从不同的角度作了回答。

西湖是孟浩然眼中"整飖步松沙，恍疑是踏雪"的幽幻，是白乐天耳畔"几处早莺争暖树，谁家新燕啄春泥"的热闹，是张祜脚下"断桥荒藓涩，空院落花深"的清幽，是欧阳修心中"西湖春色归，春水绿于染"的自然，是林升泪中"山外青山楼外楼，西湖歌舞几时休"的奢华，是杨万里梦中"接天莲叶无穷碧，映日荷花别样红"的娇艳，是张岱笔下"雾凇沆砀，天与云与山与水，上下一白"的画意……

而在苏轼眼中，西湖的美是变幻的、灵动的，而不是静止的画面。西湖的雨妙趣横生，而雨后初晴的西湖就像刚沐浴而出的仙子，分外清丽脱俗，楚楚动人。所以在他的诗词中，多次生动地描绘了西湖雨后天晴的奇丽景色。

饮湖上初晴后雨二首（其一）

苏轼

朝曦迎客艳重冈，晚雨留人入醉乡。

此意自佳君不会，一杯当属水仙王。

1073 年，也就是苏轼来到杭州的第三年。这一天，有远客来访，苏轼一大早就来到湖边驻足眺望，希望能与友人早日相见。

友人是谁，来自何方，我们不得而知。但从苏轼对他的态度来看，一定是很好的伙伴，所以才会天没亮就亲自前来迎候。二人相见后，苏轼对其热情款待，美食美酒，歌舞相伴，只可惜友人不胜酒力，才饮上几杯就伏案大醉，鼾声如雷。苏轼笑言："这是被我们西湖的热情给陶醉了！"

正在这时，外面下了一场急雨，雨珠滴滴答答，如大珠小珠落玉盘。天地一片混沌迷茫，只听得风雨齐鸣，犹如天籁。很快，雨过天晴，远山在雨雾的缭绕中更显朦胧。

苏轼刚刚欣赏完王朝云精彩绝伦的歌舞表演，又遇到了如此变幻莫测的西湖风光，美人、美景尽在眼中和心里，不由得喜上眉梢，脱口而出："欲把西湖比西子，淡妆浓抹总相宜。"在场的宾客听罢，无不拍手叫绝。

苏轼同时写了两首诗，第一首鲜有所闻，第二首名扬天下。无论此诗是否和王朝云有关，苏轼奇特的想象力和曼妙的笔法，的确让人拍案称奇。从此，西子湖成了西湖另一个家喻户晓的名字，而苏轼的这两句诗也成了西湖最动人的宣传语，一咏千年！

03 白雨跳珠

一说起西湖断桥，有人会想起许仙和白娘子"千年等一回"的浪漫传说，也有人会想起许嵩《断桥残雪》的沉吟低唱。而就在断桥的西侧，有一座小楼高高耸立，这就是著名的望湖楼。

"望湖楼"原名"看经楼"，始建于五代十国期间，为吴越王钱俶所建，与昭庆寺比邻。到了宋代又改名为"望湖楼"，它青瓦屋面，朱色单檐，古雅大方，美轮美奂。不少文人墨客喜欢登斯楼也，把酒临风，吟诗作对，其喜洋洋者矣。

而真正让它名扬大江南北的还要数苏轼写的《六月二十七日望湖楼醉书》。李太白斗酒诗百篇，苏轼也酒后连作了五首诗，每一首都描绘了不同的西湖景象，表达了不一样的思想感情。特别是其中的第一首，更是写出了此楼观景的神韵。

六月二十七日望湖楼醉书五首（其一）

苏轼

黑云翻墨未遮山，白雨跳珠乱入船。
卷地风来忽吹散，望湖楼下水如天。

这一天，苏轼正和好友一起在湖上泛舟，忽见对面天空阴云笼罩，黑色的云朵像打翻了的墨汁一样滚滚而来。然而比云步伐更快的是雨，让人防不胜防。阴云还未将小山全部遮盖，苏轼还没来得及下船，豆大的雨珠已经"噼里啪啦"地落了下来，在湖面上激起层层涟漪后，又欢蹦乱跳地跃入苏轼的小船。

船家们一边急忙向岸边停船，一边喊着"快拿伞，请大人上岸"；苏轼则丝毫没有慌乱，反而饶有兴致地观看这突如其来的大雨。一阵狂风吹过，将大雨一并吞入水中，太阳很快从云层中露出头来，绽放灿烂的笑脸，一切又恢复了原有的平静。

西湖给苏轼无限的灵感，而苏轼也带给西湖无限的诗意。

多年后苏轼再次来到杭州，遇到了好友莫同年，心中大喜。莫同年本名莫君陈，字和中，湖州人，和苏轼既是同僚又是老友。二人在湖上对饮，又值雨意阑珊，早生华发的苏轼想起十五年前在望湖楼大醉后写下的诗词，感慨岁月无情，世事无常，于是又写下《与莫同年雨中饮湖上》以作纪念。

与莫同年雨中饮湖上

苏轼

到处相逢是偶然，梦中相对各华颠。

还来一醉西湖雨，不见跳珠十五年。

世间所有的相逢，都是久别重逢。

此次苏轼与老友相聚，表面是偶然，实则是必然，不可不信缘！他们看着彼此斑白的头发，恍然如梦，只能摇头慨叹："老了，岁月不饶人啊！"

望湖楼上，苏轼笑着端起酒杯，望着下面碧波荡漾的西湖水说："莫兄，你知道吗？十五年前，我就坐在这里，写下了'白雨跳珠乱入船'的诗句。十五年后，我竟然又回到这里，游西湖，看山雨。你说，这是不是天意？"

莫同年点头一笑："那是自然，你对杭州有情，对西湖有意，天下人谁不会背你为西湖写的诗？你们之间的缘分深着呢！"

苏轼轻轻抿了一口酒，悠悠说道："都说宦海沉浮，想我苏轼这几十年风雨人生，大富大贵、生离死别也都经历过，只有这酒一直不离不弃，陪我到白头啊！"

老友也举起杯："酒逢知己千杯少，来，干杯！"二人推杯换盏，笑声不断，一直喝到天光发白……

苏轼先后来杭州上任两次，共生活了五年有余，他也早把自己当作了杭州人。有人说是西湖影响了苏轼，也有人说是苏轼改造了西湖，其实二者是互相成就。苏轼让西湖更动人，而西湖让苏轼更重情，他们像一对老友同病相怜，又相互慰藉，即使历经劫难也可获得重生。

老子在《道德经》中说："上善若水，水善利万物而不争。"

苏轼的身上就拥有着"水"的精神，灵动而飘逸，浪漫而洒脱，乐观而豪迈，宽厚而无私，淡泊而宁静。而苏轼与西湖的缘，也让他多了几分以柔克刚的智慧，无声无形，不悲不惧，源洁而流清，超然而致远……

第二章
老夫聊发少年狂

01 永愧此邦人

1074 年 12 月，苏轼初到密州，只见远处黑压压的一片，既不是乌云，也不是烟雾，而是铺天盖地的蝗虫。它们好像是千军万马驰骋而来，见了人也毫不躲闪，果然有"前时渡江入吴越，布阵横空如项羽"的气势。

苏轼一上任就马不停蹄地加入捕蝗的战斗中，最终取得了胜利。他在写给朋友的诗中，生动地描述了蝗虫肆虐的样子，也表达出他爱民如子、关注民生的一片赤诚之心。

和赵郎中捕蝗见寄次韵

苏轼

麦穗人许长，谷苗牛可没。

天公独何意，忍使蝗虫发。

驱攘著令典，农事安可忽。

我仆既胼胝，我马亦款矻。

飞腾渐云少，筋力亦已竭。

苟无百篇诗，何以醒睡兀。

初如疏畎浍，渐若决澥渤。

往来供十吏，腕脱不容歇。

平生轻妄庸，熟视笑魏勃。

爱君有逸气，诗坛专斩伐。

民病何时休，吏职不可越。

慎无及世事，向空书咄咄。

夏日的麦田长势喜人，原以为丰收在望，可惜天公不作美，偏要在秋季时任凭蝗虫兴风作浪，毁掉农民一年的收成和希望。苏轼心急如焚，忙向当地有经验的老农请教良策，然后带着官员、百姓一起下地捕蝗，忙得昏天暗地，累得腰酸背痛，终于功夫不负苦心人，蝗灾被战胜了，百姓们的粮食保住了。

在其位，谋其政。苏轼作为一州之长，自然把百姓生计与安危放在首位。密州本就贫穷落后，天灾人祸又时有发生，苏轼自上任以来几乎一刻不停歇。别说去看弟弟，有时忙得连写信的时间都没有。但他并不后悔，这就是他的工作、他的责任。

百姓乐则太守乐，百姓忧则太守忧。

如果百姓过不上好日子，苏轼也吃不香，睡不着，一天闷闷不乐。他曾在给好友孔宗翰（孔子第四十六代孙）的书信中，吐槽自己心里的苦闷。

和孔郎中荆林马上见寄

苏轼

秋禾不满眼，宿麦种亦稀。
永愧此邦人，芒刺在肤肌。
平生五千卷，一字不救饥。
方将怨无襦，忽复歌缁衣。
堂堂孔北海，直气凛群儿。
朱轮未及郊，清风已先驰。
何以累君子，十万贫与羸。
滔滔满四方，我行竟安之。
何时剑关路，春山闻子规。

因为旱灾和蝗灾的双重打击，密州百姓生活窘迫，叫苦不迭。苏轼看了心急如焚，如芒在背，如鲠在喉。

他读了那么多圣贤书，却不能变出粮食救民于水火。他觉得愧对皇恩浩荡，愧对百姓对他的信任。他多希望灾情快点儿过去，春风化雨，滋润万物，田野翠绿盎然，满山鸟语花香。

做知州职责很重，苏轼第一次担任如此大的官职，压力非常大，困难重重，但是他没想到，后面还有九九八十一难在等着他。

02　西北望，射天狼

虽然蝗灾已经被消灭，但旱灾还在持续。苏轼带着百姓多次上山求雨，为了表示诚意，他不仅亲自写了求雨的祭文，还请皇帝给山神封侯。天降甘霖，百姓高兴地在雨中狂欢，苏轼也乐呵呵地给山神写了封诚挚的"感谢信"。

这一天，苏轼下山归来，正赶上当地的围猎活动。于是他穿上锦帽貂裘，跨上骏马，左手牵着大黄猎犬，右臂擎着利爪苍鹰，带着上千骑的随从，如狂风一样从山上呼啸而下，气势波澜壮阔。

你以为他是在抖威风吗？你以为他只甘心做个密州知州吗？非也非也！

苏轼少年时就有英雄梦，他满腹雄才大略，希望自己能像范仲淹一样，文可以安邦，武可以平乱，修身齐家治国平天下。

然而，皇帝会给他机会吗？眼看就要进入不惑之年，人生已经过半，他还要做多长时间的地方官？他还有多少个十年？想到这里，苏轼把杯中的残酒一饮而尽，挥笔写下人生第一首壮词。

江城子·密州出猎

苏轼

老夫聊发少年狂，左牵黄，右擎苍，锦帽貂裘，千骑卷平冈。为报倾城随太守，亲射虎，看孙郎。

酒酣胸胆尚开张，鬓微霜，又何妨？持节云中，何日遣冯唐？会挽雕弓如满月，西北望，射天狼。

苏轼这首词，开启了豪放词派的先河。雄浑壮阔，大气磅礴，一个"狂"字贯穿始终。

首句"老夫聊发少年狂"就响亮地打开了全词的境界，一改婉约词的缠绵和细腻，而是先声夺人，将苏轼出猎的威武画面生动地展现在读者面前，让人见了不由得伸出大拇指——帅爆了！

苏轼不仅穿着酷、动作帅、阵势大，而且本领也不一般。都说生子当如孙仲谋，他也要像当年射虎的孙权一样，多射杀一些猎物，酬谢一路跟随助威的百姓们。

词的上片写的是苏轼出猎时的雄壮场景，但下片则将镜头不断地放大，聚焦到苏轼一人身上，来个生动的特写。透过他醉态和轻狂的外表，我们看到的是一颗火热澎湃的赤子之心。

此时的苏轼已近不惑之年，鬓角斑白，胸膛微露，眼中流露出悲愤的神情。他表面大醉，实则三分醉意，七分清醒。

近年来大宋边境并不太平，西夏国不断滋事，战乱随时都有可能发生。苏轼虽远在密州，但也一直关注着边防的安危。他严格训练军队，培养民兵预备役，蓄势待发，只要皇帝一声令下，他老苏也可以驰骋疆场，挽弓如月，射杀天狼。

这首词，不仅写出了密州出猎的雄壮气势，更展现出苏轼的万丈豪情；既有曹操"横槊赋诗"的英雄气魄，又有"不教胡马度阴山"的爱国情怀。壮哉壮哉！

03 活菩萨

因为旱灾与蝗灾，再加上新法带来的赋税，密州百姓的日子过得食不果腹，苦不堪言。苏轼的日子也好不到哪去，连下酒的菜都没有，只好和通判到墙根下面去挖枸杞和菊花。

古人讲求安贫乐道。孔子的弟子颜回箪食瓢饮，曲肱而枕，却乐在其中；陶渊明归园田居，采菊东篱，满心悠然；刘禹锡身处陋室，弹素琴，阅金经，怡然自得。苏轼也认为人生有味是清欢，常常把苦涩的生活咀嚼出幸福和甜美。

虽然杞菊并不能填饱肚子，可苏轼却能将其吃出新花样和乐趣来。春天吃苗，夏天吃叶，秋天吃花和果实，冬天吃根。对于苏轼来说，山珍海味固然好吃，但这草木精华也是美味，或许这就是文人的雅趣吧？

这一天，苏轼又去挖杞菊，没想到菊花没挖到多少，却意外捡到一个弃婴。原来当地百姓太穷了，有的实在过不下去，就把刚生下的婴儿丢弃到田野里，让他自生自灭。

苏轼抱着哭泣的婴儿，眼泪扑簌簌落下："多可怜的孩子，我们把他抱回去吧！"

通判苦笑道："大人您真是菩萨心肠，只可惜是个泥菩萨！"

苏轼一皱眉："怎么讲？"

"您自己都饥一顿饱一顿的，拿什么养活这孩子？再说，弃婴又不止这一个，您呀根本都捡不过来！"

苏轼摇了摇头："捡不过来也要捡，这都是命啊！"说着，抱着婴儿就往回走。

通判说得没错，凭借苏轼一己之力，是无法救太多的弃婴的。但办法总是有的，苏轼带着其他官员四处寻找弃婴，并为他们找到条件较好的家庭寄养，还补助这些家庭每家 6 斗米，让他们好好照看婴儿，一定要视如己出。

在芥川龙之介的小说《罗生门》中，经济危机让家丁失了业，走投无路的他选择做了强盗。而在密州，很多百姓也因为赋税和贫穷而被迫作奸犯科，偷盗抢劫等案件时有发生。

苏轼对这些毛贼深感同情，认为将其关入大牢也不能从根本上解决问题。于是他很认真地给皇帝写了一封奏折《论河北京东盗贼状》，请求皇帝能减免一些秋税，宽政利民，以安抚人心，保证长治久安。皇帝看其言辞恳切，也体谅百姓疾苦，于是答应了苏轼的请求。百姓们感动得痛哭流涕，把苏轼当成了活菩萨转世。

这一天，苏轼遇到了刘贡父、李公择两位老朋友，有许多心里话想要倾诉，却不知从何说起，于是写下两首诗，讲述了这几年在密州的所见所闻和亲身经历。

次韵刘贡父李公择见寄二首（其二）

苏轼

何人劝我此间来，弦管生衣甑有埃。

绿蚁濡唇无百斛，蝗虫扑面已三回。

磨刀入谷追穷寇，洒涕循城拾弃孩。

为郡鲜欢君莫叹，犹胜尘土走章台。

在苏轼眼中，密州条件很艰苦，没有音乐，没有美酒，只有肆虐的蝗虫，被弃的婴儿，作乱的盗贼。但在这里苏轼可以安心地工作，不用和他人钩心斗角，也没有官场的尔虞我诈，比京城喧闹繁杂的生活舒坦多了！

经过苏轼和官民们的共同努力，终于战胜了一个个天灾人祸，百姓又过上了好日子，苏轼的脸上又重新浮现出欣喜的笑容。

人生的每一段经历都是上天的馈赠，苦难的背后也是礼物！

第三章
江海寄余生

01　寂寞沙洲冷

1080 年，苏轼被贬到黄州做团练副使，变成了一个一无公房、二无官粮、三无公文可以批阅的"罪官"，工资更是降到最低档，少得可怜。苏轼初来乍到，居无定所，只好寄身于定慧院，与和尚们一起吃着清汤寡水的一日三餐，听着周而复始的晨钟暮鼓。

初到黄州
苏轼

自笑平生为口忙，老来事业转荒唐。
长江绕郭知鱼美，好竹连山觉笋香。
逐客不妨员外置，诗人例作水曹郎。
只惭无补丝毫事，尚费官家压酒囊。

中国有句老话叫"民以食为天"，苏轼也是个顶流的吃货。初到黄州，他并没有被眼前的穷苦生活吓倒，而是一心想着怎么能一饱口福。

苏轼听说长江水养的鱼儿，个头大，肉儿肥，味道鲜，忍不住垂涎三尺，恨不得马上钓上几条尝尝鲜；又听说山里竹林茂密，遍眼青翠，仿佛又闻到阵阵笋香。

黄州的经济并不发达，苏轼的生活条件也很艰苦，每日的粗茶淡饭和过去的美酒佳肴相比简直是让人难以下咽。而苏轼却可以别出心裁，苦菜根都能嚼出不一样的甜。正因为有这种乐观的精神作主打歌，所以他可以就地取材，调动奇思妙想，施展十八般绝技，煎炒烹炸，炖煮蒸煨，竟然发明了东坡肉、东坡鱼、东坡肘子、东坡豆腐等多款美食，至今仍是江南各地的特色。

然而味蕾上的快感只能让人短时间内忘却烦恼，一旦想到不幸的身世，悲苦的现状，他也会失落和迷茫。终日无事可做，口袋里也是空空如也，苏轼看着朝廷发的漂亮钱包无奈地摇了摇头，落魄到现在这个样子真是愧对皇帝，也愧对自己啊！

世人皆说苏轼是天生的乐天派，殊不知他也有抑郁和自闭的时候。寄居定慧院不久，他也曾闭门思过，不写信，不交友，不见客，满脸的苦闷和彷徨，眼神中闪烁着委屈和悲愤。

他想不通，自己只不过和朋友书信交流中说了几句实话或玩笑话，怎么就被人当作讥讽朝政、反对新法的"罪证"了？

那些因为自己而受连累的好友，他们现在过得怎么样了？有没有责怪和怨恨自己？会不会和自己永远断交？

那些曾想置自己于死地的新党人，会就此罢休吗？能不能再落井下石？

自己被贬到黄州，是几年还是一辈子？难道，自己真的没有翻身之日了吗……

想着想着，苏轼辗转反侧，夜不能寐，索性披上衣服，独自走到院中，看着那一弯如钩的残月，重重地长叹一声。

卜算子·黄州定慧院寓居作

苏轼

缺月挂疏桐，漏断人初静。时见幽人独往来，缥缈孤鸿影。

惊起却回头，有恨无人省。拣尽寒枝不肯栖，寂寞沙洲冷。

夜深人静，月挂疏桐，只能听见漏断的声音，一声声叩打着苏轼的心扉，每一声都很轻，每一声又都很重。

苏轼感觉自己就像一只可怜的孤鸿，在风中盘旋着飞翔，凄厉地哀鸣。他的眼中没有泪，心里却滴着血。

103 天的牢狱之灾，成了难以忘却的噩梦阴影，也让他变成了惊弓之鸟。每当听到背后有异样的声音时，他都忍不住回头张望，不知道会不会有暗箭射来，会不会有人在林间布网？

他很害怕，很紧张，也很迷茫！

环顾四周，没有伙伴，只有孤独的影子在风中摇曳。孤鸿在寒冷的枝头上寻来觅去，却始终找不到一块适合自己栖息的地方，于是飞到了荒凉的沙洲上，在寒风中抱着寂寞取暖。

词中的孤鸿就是苏轼最真实的写照，无论从处境还是内心，他都身陷孤岛，难以找到往日的快乐和温暖。也正因如此，更能凸显出他遗世独立的高洁品质，宁可孤芳自赏，也不与世俗同流合污，拣尽寒枝不肯栖，独守寂寞沙洲冷。

02 倚杖听江声

难以排解的忧愁，既然无法马上释怀，不如暂时放下，留给时间——化解。

苏轼眼前最主要的困难，不是思想上的困惑、精神上的孤单、事业上的滑坡，而是生活上的窘迫。

作为一个罪官，他的薪水微乎其微，一个人都难以养活，更何况是一大家子二十来口。家里的积蓄也并不丰厚，每天都捉襟见肘，全家人整日愁眉苦脸，长吁短叹。

幸好城东有一片废弃的荒坡无人耕种，好友替他申请借用，于是苏轼带领着全家，叩石垦壤，开荒种地，他也摇身一变成了东坡居士。

新生活开始了，不甘寂寞的苏东坡恢复了社交模式，为了方便招待客人，他在东坡附近盖了几间茅草屋，并于四周墙壁画上皑皑白雪。小屋又恰逢大雪日建成，所以名唤"雪堂"。每当有朋自远方来，东坡先生便将其请到雪堂把酒言欢，这里成了失意者联盟的乐园。

这一天，东坡先生在雪堂里和朋友一起饮酒，喝醉了就伏案大睡，睡醒了再接着喝，如此往复，再醒来时已半夜时分，友人早已离去。东坡摇摇晃晃地站起身来，借着一路星光，意犹未尽地向临皋亭走去。

当他来到家门口时，门童早已沉沉睡去，鼾声如雷。任凭东坡先生如何大声地敲门，陷入梦乡的门童都无半点儿回应。气得东坡先生拄着拐杖扬长而去，一个人来到江边，坐听了一夜潮声。

临江仙

苏轼

夜饮东坡醒复醉，归来仿佛三更。家童鼻息已雷鸣。敲门都不应，倚杖听江声。

长恨此身非我有，何时忘却营营？夜阑风静縠纹平。小舟从此逝，江海寄余生。

这首词中展现了词人悲凉又孤独的心境，也让我们看到了一个落魄又彷徨的东坡先生。

他的仕途一波三折，而今正陷入人生的最低谷难以自拔。他有家难回，又无处栖身，只能坐在江边熬到天明。

夜风冷冷地吹透了他单薄的衣衫，让他感到彻骨的寒意；雪白的浪花打湿了他的衣袂，也湿润了他那颗敏感的心。

他被贬到黄州后虽心有不甘，却又无能为力，不知何时可以真正地做到断舍离，放下贪念嗔痴，不为外物所累。当他看着奔腾的长江滚滚向前，也想乘一叶小舟，从此销声匿迹，在烟波浩渺中做个自在的隐士了此余生。

对此有人说是消极，是逃避；有人说是释然，是解脱；但我想说，这是超然，是东坡与苦难和解，与万物合一。

涛声依旧，苏东坡却不再叹气，他看着长江之水浩浩汤汤，想着"沉舟侧畔千帆过，病树前头万木春"，脸上不禁又浮现出一丝笑意。

这是智者发自内心的喜悦与平和，宛如坐禅者拈花微笑，妙不可言。

03　此心安处，便是吾乡

乌台诗案让苏东坡的不少好友都受到了不同的连累，有的被贬，有的被罚，有的被外放，王巩就是其中的一个。

他比东坡小 11 岁，号介庵，是兵部侍郎王祜的孙子，"全德元老"王旦的儿子，妥妥的官三代。王巩受恩荫世袭为官，后来官居工部尚书。

东坡在徐州上任时，王巩亲自去拜访他，二人一同游山玩水，吹笛饮酒，成了同频共振的好友。分离后他们经常书信往来，谈诗论道。万万没想到，这些洋溢着友情的诗词，日后都成了讥讽朝政的铁证。

乌台诗案，王巩被贬到岭南宾州（今广西宾阳）做了三年收盐酒税的小吏。他也是东坡所有朋友中，被贬得最远、责罚最重的一个。

听说王巩的一个儿子病死在被贬之地，还有一个儿子死在家中，而王巩也经常病魔缠身，几次都差点儿命丧黄泉，东坡的内心充满了太多的负罪感和愧疚感。他怕老友怨恨自己，不敢给王巩写信，只能默默地为其全家祈福。

都说患难见真情，王巩果真是东坡的挚友。他不计前嫌，回到江西后，把自己在岭外写的数百首诗都寄给东坡，苏东坡读后非常惊喜和激动，诗词中没有怨天尤人，没有愤世嫉俗，语气平和如聊家常，真乃大丈夫之心胸也！

王巩富贵时，家里养了许多歌伎，其中有一个叫作宇文柔奴的最聪明可人，深得王巩青睐。当王巩吃了官司被贬绝境时，其他歌女都纷纷离去，只有柔奴一人愿意陪同，不离不弃。

宾州的自然环境恶劣，生活条件艰苦，王巩和柔奴二人相濡以沫，自得其乐。当柔奴陪着王巩从岭南归来时，东坡很不好意思地问柔奴："岭南地区的日子一定很不好过吧？"谁知柔奴却平静地回应："此心安处，便是吾乡。"

一句话让苏东坡对眼前这个柔弱的小女子刮目相看，她不仅能陪所爱之人同甘共苦，还达到了"既来之，则安之"的非凡境界，真乃女中豪杰也！

难怪王巩多年流放归来，虽然人清瘦了些，但红光满面，神采奕奕，原来是借宾州的山水、佳人的陪伴涵养了平和的心态，每一天都能活在当下，怡然自乐。

定风波·南海归赠王定国侍人寓娘

苏轼

王定国歌儿曰柔奴，姓宇文氏，眉目娟丽，善应对，家世住京师。定国南迁归，余问柔："广南风土，应是不好？"柔对曰："此心安处，便是吾乡。"因为缀词云。

常美人间琢玉郎，天应乞与点酥娘。尽道清歌传皓齿，风起，雪飞炎海变清凉。

万里归来颜愈少，微笑，笑时犹带岭梅香。试问岭南应不好，却道：此心安处是吾乡。

"人生如逆旅，我亦是行人"。人生短暂不过百年，而今已经过半，余生漫漫又将飘向何方，东坡不知道，也不愿多想。无论在哪里，他都只是个过客罢了，但是如果心能安居，处处亦可是家乡。天大地大，自有容身之所；山高水长，必有可行之路。

把苦难看淡，把名利看轻，把未来看远，把当下看重。天南地北，随遇而安；风雨雷电，皆是风景。

第四章
买田阳羡吾将老

01　鸡黍之约

　　苏轼本想在黄州沙湖地定居，可是没有买到合适的田地，只好作罢。后来他在朋友的帮助下在常州阳羡置了地，又赶上皇帝让他去汝州上任，他索性求皇帝开恩，让他回常州养老。

　　苏轼一生曾先后赴常州十四次，缘分深似海。嘉祐二年，二十一岁的苏轼高中进士，在琼林宴上结交了许多年轻的朋友。常州的两个进士蒋之奇、单锡向他讲述了自己家乡的美好，让苏轼心驰神往，于是订下了"鸡黍之约"，这就是他与常州的缘起。

　　1071 年，苏轼赶赴杭州上任，途中第一次路过常州，果然百闻不如一见，常州名不虚传。而后他又因公务去常州赈灾，不仅结交了新朋友，也得到了当地官员和百姓的敬重。

　　常州不仅风景如画，民风淳朴，而且消费水平适中，是个小众之地，很适合养老。当漂泊半生的苏轼终于实现了"买田阳羡"的心愿，激动得喜极而泣，四海为家的浮萍，这回终于有根了。

菩萨蛮
苏轼

　　买田阳羡吾将老。从来只为溪山好。来往一虚舟。聊随物外游。

　　有书仍懒著。水调歌归去。筋力不辞诗。要须风雨时。

　　"问君何能尔，心远地自偏。"常州的确是一片让苏轼心安的净土，可以远离官场的钩心斗角，作别红尘的是非恩怨。

苏轼想象着晚年时的自己，乘坐一叶小舟，任意东西，江海寄余生。闲暇无事时，可以随手拿起书本来读，与庄子花下梦蝶，与屈原翘首问天，与司马迁谈古论今，与李太白不醉不休。

何等洒脱，何等自在！

笔不可弃，诗不可缺，手握素管，挥毫泼墨，写心中之真意，书胸中之豪情。

不再取悦他人，不再畏惧风雨。但求无愧我心，浩然气贯天地！

02　十年归梦寄西风

苏轼得到皇帝同意自己赴常州的旨意后，一路踏歌而行，颇有"白日放歌须纵酒，青春作伴好还乡"的快感。途经风光旖旎的扬州时，苏轼见男耕女织、老少皆乐，想到自己不久以后也可以过上如此安闲自在的日子，不由得心旷神怡，宠辱皆忘，连脚步也变得更轻快了。

这一日，苏轼来到了扬州竹西寺，见这里曲径通幽，禅香袅袅，不由得诗兴大发，在寺院的墙壁上连写三首小诗，以抒发复得返自然的欣喜之情。

归宜兴留题竹西寺
苏轼

其一

十年归梦寄西风，此去真为田舍翁。
剩觅蜀冈新井水，要携乡味过江东。

其二

道人劝饮鸡苏水，童子能煎莺粟汤。
暂借藤床与瓦枕，莫教辜负竹风凉。

其三

此生已觉都无事，今岁仍逢大有年。
山寺归来闻好语，野花啼鸟亦欣然。

宦海沉浮十余年，而今终于可以放下一切，归隐田园，实现儿时做个放牛翁的心愿，苏轼开心得像个小孩子，一脸天真又满意地微笑。

在寺庙里，苏轼受到了"贵宾级"的热情款待，道人请他饮用甜美的鸡苏水、莺粟汤，润喉养胃，调养身体。夜晚时分，苏轼躺在舒服的藤床上，沐浴着习习清风，闻着竹叶的淡淡清香，不觉又陶然如醉！

都说人逢喜事精神爽，走在下山的路上，四周鸟语花香，又听到田宅已经买好的喜讯，苏轼心里简直乐开了花。过去的事都已经翻篇了，不必再提；今年又是一个丰收年，老百姓丰衣足食，生活安乐；而自己也有了新的归宿，不必再四处漂泊。苏轼的脸上绽放着灿烂的笑容，他已经很久很久，没有这么开心了。

"阳羡姑苏已买田，相逢谁信是前缘。"几经辗转周折，苏轼一家终于到达了常州，过上了闲云野鹤般的自在生活。他和朋友一起做山中仙、酒中客，优哉游哉，度过了人生中最舒服惬意的一段时光。

苏轼原本对仕途不再抱有什么希望，对前程不再存什么幻想，打算用佛系、躺平的生活了此余生。但是命运的齿轮却不让他安生，哲宗皇帝的一道圣旨，又让他赶往登州上任，而且还是升官。

苏轼并不是贪恋功名的人，只是一直壮志难酬，心有不甘。所以当机会来临时，他不能轻言放弃。于是，他离开了心心念念的常州，而这一别就是 16 年。

03　我不如陶生

东坡居士虽然一直向往五柳居士归田园居的生活，却没有不为五斗米折腰、彻底归隐的勇气和魄力。他想要乘风归去，纵情山水，却又放不下责任和希望，一直在出世和入世之间徘徊。正如他在诗中所言："我不如陶生，世事缠绵之。"

陶渊明归隐南山后写下了大量的田园诗，苏轼也写了许多和陶的诗词，仅在儋州就写了124首，编成《和陶渊明诗集》，让弟弟苏辙为其作序，表达了自己美好又难以实现的心愿。

和陶饮酒二十首（其三）

苏轼

　　吾饮酒至少，常以把盏为乐。往往颓然坐睡，人见其醉，而吾中了然，盖莫能名其为醉为醒也。在扬州时，饮酒过午，辄罢。客去，解衣盘礴，终日欢不足而适有余。因和渊明《饮酒》二十首，庶以仿佛其不可名者，示舍弟子由、晁无咎学士。

　　　　道丧士失己，出语辄不情。

　　　　江左风流人，醉中亦求名。

　　　　渊明独清真，谈笑得此生。

　　　　身如受风竹，掩冉众叶惊。

　　　　俯仰各有态，得酒诗自成。

　　在苏轼心中，魏晋时代许多人道德沦丧，说话办事不讲情义。而谢安素有"江左风流宰相"之美誉，苏轼让陶渊明与谢安比肩，可见五柳先生在他心中的地位之高。陶渊明性情率真，言谈举止落落大方，身如翠竹高风亮节，临风而立不折不屈，无论俯视还是仰视都姿态万千，令人敬佩。他饮酒后下笔成诗，一气呵成，可谓晋代的李太白啊！

　　苏轼对五柳先生大加赞颂，从另一个角度也印证了他们是同道中人，都有一样高洁的志趣，不与世俗同流合污的节操，所以这首诗表面上是和陶，实际上也表明了诗人的心志。

　　陶渊明在《归园田居》中说："衣沾不足惜，但使愿无违。"远离官场的喧嚣，他就像一只脱离牢笼的飞鸟，自在且轻松。虽然种地不易，早出晚归很辛苦，收成也未必太好，但他很享受这种自食其力、悠然自在的生活，并乐此不疲。

　　而苏轼也向往这样的生活，所以他也写了不少和《归园田居》的诗，并从中得到不同的感悟。

和陶归园田居六首（其一）

苏轼

环州多白水，际海皆苍山。

以彼无尽景，寓我有限年。

东家著孔丘，西家著颜渊。

市为不二价，农为不争田。

周公与管蔡，恨不茅三间。

我饱一饭足，薇蕨补食前。

门生馈薪米，救我厨无烟。

斗酒与只鸡，酣歌饯华颠。

禽鱼岂知道，我适物自闲。

悠悠未必尔，聊乐我所然。

这首诗写于惠州，此时的苏轼也已经做到了柔奴说的"此心安处是吾乡"，把自己又当作一个快乐的岭南人。

江山多娇，让苏轼忘记了这里的瘴气毒雾，生活多艰，而是陶醉于一片苍山秀水之中，忘却烦忧。

惠州虽然偏僻荒凉，穷困闭塞，但这里民风淳朴，商人不黑心，百姓不贪财，邻居都像孔子和颜回那样品德高尚。苏轼从来都不缺朋友，而且多数是文化人。

"德不孤，必有邻"，品行高洁的人，自然可以吸引同频共振的人交往，大家和睦相处，美美与共。

管叔、蔡叔二人本是周公的兄弟，却因叛乱而相互残杀，上演"相煎何太急"的悲剧。但如果他们来到惠州，一定会化干戈为玉帛，恨不得天天住在一起。这虽然是作者大胆的想象，但也表明了惠州是一个可以让人静心的好地方。

惠州经济并不发达，苏轼也没什么俸禄，日子过得也很窘迫。幸好有学生送来柴米酒肉，大家一起大快朵颐，弹琴唱歌，快乐似神仙。

子非鱼安知鱼之乐？子非我安知我之乐？

苏轼用幽默调侃的语气，写出了自己归园田居后的生活之趣。呵呵，何陋之有？

第五章
我本海南民

01　日啖荔枝三百颗

在很多人眼中，岭南惠州就是罪官们的地狱，这里瘴气毒雾肆虐，很多人还没来得及等到朝廷的诏书，就已经病死在此地。

苏轼来惠州之前，心里也做好了最坏的准备。可是当他拄着拐杖，踏上惠州的地界时，却被眼前的景象惊呆了。

对岸站着一群既熟悉又陌生的人，男女老少相互搀扶，拿着美酒，抱着母鸡，拎着蔬菜和水果，都在渡口边微笑着迎接他。一见面就嘘寒问暖，抢着帮他们拿行李，热情地邀请苏轼一家人到自己家里做客。

苏轼顿时感觉自己不是客人，而是好久没有回家的本地人，而这些热情相迎的都是他的亲人。一股暖流涌上心头，苏轼的眼角湿润了，他对大家拱手施礼："谢谢各位乡亲，我——苏东坡——回家了！"百姓们一阵欢呼，苏轼也被眼前这淳朴实在的民风乡情深深打动。

十月二日初到惠州

苏轼

仿佛曾游岂梦中，欣然鸡犬识新丰。

吏民惊怪坐何事，父老相携迎此翁。

苏武岂知还漠北，管宁自欲老辽东。

岭南万户皆春色，会有幽人客寓公。

苏轼在诗中用了刘邦、苏武、管宁等人的典故，指出自己与惠州的缘分之深，表达了初到这里的喜悦和激动之情。当地人们热情好客，就像陶渊明笔下的桃花源人，让苏轼感受到家的温暖，正如他在词中所云："此心安处是吾乡。"

惠州一绝

苏轼

罗浮山下四时春，卢橘杨梅次第新。

日啖荔枝三百颗，不辞长作岭南人。

罗浮山是岭南山水的代表，绵延百余千米，峰峦叠嶂，绿水逶迤，山下一年四季都是温暖湿润的春天，花红柳绿，莺歌燕舞，美不胜收。

山中盛产许多水果，枇杷、杨梅都鲜嫩小巧，让人垂涎欲滴。但最让苏轼爱不释口的还要数荔枝了，每天吃三百颗有些夸张，但足见荔枝的美味，他在这里的惬意和快乐。

"一骑红尘妃子笑，无人知是荔枝来。"很多人读了杜牧的这首诗，都误以为杨玉环吃的就是岭南荔枝，殊不知惠州距长安城太远了，即使快马加鞭，也无法阻拦荔枝腐烂的脚步。其实贵妃吃的是从蜀地专道运来的荔枝，相比之下，苏轼可以随时尝到这惠州一绝，比天子和贵妃更有口福啊！

醉翁之意不在酒，苏轼发朋友圈晒自己喜欢吃荔枝是一回事，也有弦外之音。

除了安慰那些关心他的好朋友，还要告慰那些格外"关心"他的对头："你们不是想看我哭的样子吗？我偏不哭，我还要笑！大声地笑！开心地笑！痛痛快快地笑！"

02　春暖花开

苏轼的笑击碎了新党人的美梦，他们本想看他的笑话，没想到他在惠州治西湖，修苏堤，烤羊排，吃荔枝，喝小酒，交新友，小日子过得相当滋润。这让章惇等人气急败坏，于是他们又上书皇帝，请求将苏轼贬到更偏远穷苦的海南儋州，想要置其于死地。

1097年，六十一岁的苏轼带着小儿子苏过，与家人洒泪而别，踏上了驶向儋州的小舟。

很多人都以为，苏轼每天可以过着"面朝大海，春暖花开"的生活，何等浪漫！殊不知儋州虽是沿海城市，但主城区距离大海有三十四千米，当时交通并不发达，已是衰朽残年的苏轼也只能站在高处遥望大海，难以近距离观瞧了。

儋州的环境远不及惠州，苏轼曾在信中向朋友诉苦："此间食无肉，病无药，居无室，出无友，冬无炭，夏无寒泉，然亦未易悉数，大率皆无耳。"

这不是卖惨，而是真可怜！

然而日子总是要过下去的，作为乐天派的苏轼，面对各种苦难的洗礼，都可以熬得过去，笑得出来。

减字木兰花·己卯儋耳春词
苏轼

春牛春杖，无限春风来海上。便丐春工，染得桃红似肉红。
春幡春胜，一阵春风吹酒醒。不似天涯，卷起杨花似雪花。

春光明媚，万物复苏，大地也即将恢复往日的生机。人们按照当地习俗，用泥土塑成牛儿在田地间耕地的模样，预示着新一年的农耕即将开始。而农夫们也不闲着，他们拿着犁杖，抽响打春第一鞭，准备风风火火大干一场。

海上的春风，吹绿了田野，也吹红了桃花，一朵朵鲜艳可爱，次第开放，把海南装点得分外妖娆。人们竖起春天的绿幡，高挂美丽的彩旗，欢迎着春姑娘的到来，到处都是一片热闹快乐的景象。

清风拂面，把苏轼从醉梦中唤醒，睁开蒙眬的醉眼，却发现此地不像天涯海角，那朵朵飞舞的柳絮，不是杨花，更像雪花。

苏轼的这首词连用了七个"春"字，把海南盎然的春意淋漓尽致地描绘出来，让我们感到扑面而来的暖风、花香、泥土的芬芳、飘舞的旗子、漫天的柳絮，也仿佛听到燕语呢喃、布谷歌唱、人们在田地里忙碌的脚步声、春风吹得绿幡哗哗作响……

苏轼身处穷乡僻壤，眼中却满含希望。他将儋州当作家乡，把百姓当作亲人，亲自教当地农民种稻谷，使用新式的农具，让他们也可以和内地人一样，吃上自己种的粮食。这不禁让我们想起一首老歌："我们的家乡，在希望的田野上……"

海南看不到雪花，而杨花却来得更早，所以苏轼在词的结尾处大胆发挥想象，将杨花比作雪花，既写了当地风光和气候的特色，也表明自己并没有把海南当作天涯海角绝境的豁达与乐观，此词被誉为"海南新春第一赞歌"当之无愧。

03　平生生死梦

人要能做到向死而生，也就真的无所畏惧。

苏轼来到儋州后，很快就和当地百姓打成一片，教他们打井、读书、务农，帮他们解除疟疾之苦，宛若天涯游子回到故里，重建家乡。

苏轼让儋州焕然一新。春光里书声琅琅，秋风中稻浪飘香，人们喝上了干净的井水，用上了先进的农具，生活变得越来越有奔头。当地的百姓都十分感谢这个戴着峨冠的瘦老头，夸他不是太守，却胜似知州，宛若"谪仙人"。

"德不孤，必有邻。"在这里，乡邻们帮他在桄榔林里建了三间茅草屋，让他有了安身之所；外地的友人鸿雁传书，当地的学生慕名而来，苏轼的朋友圈越来越广，影响力越来越大，让那些看他不顺眼的人都瞠目结舌："这个老头到底有何威力，为何打不垮，捶不倒，总可以笑到最后？"

生如逆旅，一苇以航。

用乐观去化解困难，用豁达去包容仇敌，用善良去感化天地，用智慧去充实自己。苏轼就是打不倒的战神！

上天不负苦心人。1100年，哲宗驾崩，徽宗继位，天下大赦，苏轼终于可以回到常州安度晚年了。在告别海南的父老乡亲时，他写下一首《别海南黎民表》，表达对当地百姓的不舍之情。

别海南黎民表

苏轼

我本海南民，寄生西蜀州。

忽然跨海去，譬如事远游。

平生生死梦，三者无劣优。

知君不再见，欲去且少留。

苏轼本是蜀地眉山人，寄居在海南儋州，可此时的他却把自己当作海南本地人，寄身于蜀州。而今，他又要跨海离去，不知何时才会归来，自然对当地的友人和乡亲们依依不舍。

苏轼一生辗转多地，就像是一个不断赶路的行者，辛苦又忙碌。但是时间久了，他的心也变得越来越坚定和平静，没有大喜大悲，越来越宠辱不惊。

就像他在《自题金山画像》中说："心似已灰之木，身如不系之舟。问汝平生功业，黄州惠州儋州。"

这三个地方，铭刻着他人生的至暗时刻，但是苏轼都咬着牙，坚强地熬过去了，并且等到了花儿重开的时节。

纵使站在阴沟里，抬头也能看到满天星河；即使落入无底深渊，走下去，也是前程万里！

卷六　醉心山水——人生如梦，一尊还酹江月

智者乐水，仁者乐山。与山为伴，方知天高地厚；与水为友，可悟海纳百川。

行走于山水之间，既可养心怡情，亦可宁静致远。

第一章
荷花也开风露香

01 俯仰生姿

"西湖美景三月天，春雨如酒柳如烟。"和风杨柳下的西湖荡漾着浪漫和温柔，而夏日荷香中的西湖则可游可赏、可坐可卧、可听可观，特别是晴雨交错之后，更是别有一番情趣。

六月二十七日这一天，苏轼又来到望湖楼，一边饮着美酒，一边眺望西湖美景。不知是陶醉于美酒还是美景，苏轼醉意正浓，诗兴大发，一连写出五首诗词，各有千秋。

六月二十七日望湖楼醉书五首
苏轼

其一

黑云翻墨未遮山，白雨跳珠乱入船。

卷地风来忽吹散，望湖楼下水如天。

其二

放生鱼鳖逐人来，无主荷花到处开。

水枕能令山俯仰，风船解与月裴回。

其三

乌菱白芡不论钱，乱系青菰裹绿盘。

忽忆尝新会灵观，滞留江海得加餐。

其四

献花游女木兰桡，细雨斜风湿翠翘。

无限芳洲生杜若，吴儿不识楚辞招。

其五

未成小隐聊中隐，可得长闲胜暂闲。

我本无家更安往，故乡无此好湖山。

    其中第一首诗最为有名，诗人巧用对比、比喻、夸张等手法描绘出西湖雨景的奇丽。这场雨就像黑旋风李逵一样是个暴脾气，来得快去得也快，风驰电掣，迅疾利落，带有一股江湖的侠义气。

    第二首把镜头留给了西湖的游鱼。在宋代西湖是禁捕区，只可放生不让撒网，可谓是水中生灵的乐园。鱼儿们可以任意东西，随意摇摆；可以和游客玩捉迷藏，时隐时现；也可以追着游人的小船嬉戏，自有一番野趣。

    最后两句别样浪漫，诗人在船上放一个枕头，卧听着水波潺潺，看着群山向他躬身施礼，何等傲娇惬意，令人浮想联翩……

    第三首则聚焦水中的植被。乌菱和白芡在西湖里野蛮生长，不由得让诗人又联想到了自己的遭遇——滞留江海，远离朝廷。虽心有不甘，但也不丧失希望。"加餐"二字化用《古诗十九首》中"努力加餐饭"一句，诗人会保重好身体，以待有朝一日能得到朝廷重用。

    第四首诗中，诗人又将镜头锁定在一个小女孩身上，她手里拿着新采的莲花，脸上是纯真的微笑，微风轻轻吹拂她的秀发和衣裙，细雨打湿了她绿色的鞋子。而对于这一切她却浑然不知，眺望着湖面小洲上的香草静静地发呆。

    这若有所思的采莲女，成了苏轼眼中的风景，但可惜的是，她只知道将采来的莲花送给贵客，却不知"香草美人"的典故，更不会触景生情，怀念喜欢赞美香草的三闾大夫。

    苏轼有时也会孤芳自赏，慨叹知音难觅。他渴望天子能理解他的用心良苦，给他施展才华的机会，而不愿总寄身于水中孤岛，独享寂寞沙洲冷。

    写至最后一首，苏轼的心情又豁然开朗了。

    白居易曾在《中隐》中说："大隐住朝市，小隐入丘樊。丘樊太冷落，朝市太喧嚣。不如作中隐，隐在留司官。"

卷六　醉心山水——人生如梦，一尊还酹江月

141

　　苏轼现在远离朝堂做地方官，与青山绿水相伴，恰如中隐，每日忙碌并快乐着。归园田居、对床听雨只能是黄粱美梦，而西湖美景天下独绝，与其天天摆着一张苦瓜脸，不如纵情山水，怡然自乐。

　　五首诗从不同角度生动自然地描绘出西湖的动感画面，也呈现出诗人心态变化的轨迹。苏轼也曾迷茫和挣扎过，但最终化为释然和淡然。他表面上是酒后大醉，实际上是借着几分酒劲儿诉说真实的心曲，更能表现出诗人豪放乐观的情怀和博大宽广的胸襟。

　　喜忧皆形于色，言语皆发于心。痛快痛快！

02　月夜泛西湖

　　白天的西湖明媚而多姿，夜色下的西湖更显朦胧与绰约。七月的一天夜晚，一轮新月当空，任职察推的吕仲甫携歌伎一起夜游西湖，苏轼应邀陪同左右，作绝句五首，为西子湖续写新篇。

夜泛西湖五绝

苏轼

其一

新月生魄迹未安，才破五六渐盘桓。

今夜吐艳如半璧，游人得向三更看。

其二

三更向阑月渐垂，欲落未落景特奇。

明朝人事谁料得，看到苍龙西没时。

其三

苍龙已没牛斗横，东方芒角升长庚。

渔人收筒及未晓，船过唯有菰蒲声。

其四

菰蒲无边水茫茫，荷花夜开风露香。

渐见灯明出远寺，更待月黑看湖光。

其五

湖光非鬼亦非仙，风恬浪静光满川。
须臾两两入寺去，就视不见空茫然。

这五首诗采用顶真的手法，每首诗的结尾都连着下一首诗的开头，回环往复，浑然一体，珠联璧合，妙不可言。而诗的内容也是连贯的，以时间为序记录了诗人的所见、所思、所感。

第一首诗从月出写起，新月如半块玉璧，又像一个活泼顽皮的少女，在云朵中和人们捉迷藏，时隐时现。半夜时，她又从云后悄悄地爬了上来，真是太淘气了！

在第二首诗中，我们看到了三更时的月儿，徘徊在朱阁绮户之外，欲落不舍，欲走还留，仿佛在唱着"其实不想走，其实我想留，留下来陪你每个春夏秋冬……"

苏轼看到的是月亮，想到的却是世事难料。

人生海海，苍茫多变，就像这天上的月儿一样阴晴圆缺不定。前程未知，心生疑虑，苏轼望着望着不禁一声长叹，将杯中酒儿一饮而尽。

到了第三首诗，夜色已深，万籁俱寂，不远处却有几个黑影闪烁。

放心，不是强人，而是渔人。

为了生计，他们只好违背禁止西湖捕鱼的法令，铤而走险，半夜盗鱼。

作为通判的苏轼理应将其逮捕送入大牢，而他却睁一只眼闭一只眼将其放过。原来苏轼一直对王安石变法表示不满，在上任期间他常与同僚一起到民间走访，深知渔人们冒险盗鱼的苦衷，所以才会置之不理，表达了他对劳动人民的同情。

第三首诗的气氛有些紧张和压抑，但到了第四首诗，又变得轻松起来。

船已行到藕花深处，没有"争渡争渡"的吵闹，只有四周菡萏飘香，沁人心脾。对岸的寺庙中灯火闪烁，与月光下的湖面相互映衬，营造出一种静谧清幽的醉人境界。

最后一首诗中，诗人脑洞大开，想象空间无限扩展。月落乌啼，长一声，短一声；湖光幻影，不是鬼，不似仙，明灭可见，变幻莫测。风浪俱静，天边熹微，那奇怪的影子很快也相伴步入寺中，消失不见，只余下庙门上高挂的灯笼，微弱的灯光在夜色中越来越模糊，越来越离奇……

月夜泛西湖是一件很浪漫的事，看到的是别样静谧奇幻的景色，虚虚实实，真真幻幻，就像一个罩着黑色面纱的美女，看不清她的庐山真面目，但听她的笑、闻她的香，亦可感受到她的清纯美丽、灵动可人。

苏轼采用移步换景的手法将水云间的景物尽收眼底，带着大家采用"游目"的方式来欣赏月下西湖的奇特景色，语言朴素清丽，与前面在望湖楼大醉后写的诗词相比，少了几分豪放，多了几分飘逸；少了几分细腻，多了几分清新。

03　莫遣白发生秋风

苏轼一生与西湖结缘，不仅在杭州治理西湖，修筑苏堤，还让颍州和惠州的西湖也天下闻名，与扬州瘦西湖合称为"四大西湖"。

1091年苏轼再次从京城出发，来到颍州做太守，踏着先师欧阳修的足迹造福百姓，其中的一项大工程就是和同僚赵德麟一起治理西湖。

再次韵德麟新开西湖

苏轼

使君不用山鞠穷，饥民自逃泥水中。
欲将百渎起凶岁，免使瓴石愁扬雄。
西湖虽小亦西子，萦流作态清而丰。
千夫余力起三闸，焦陂下与长淮通。
十年憔悴尘土窟，清澜一洗啼痕空。
王孙本自有仙骨，平生宿卫明光宫。
一行作使人不识，正似云月初朦胧。
时临此水照冰雪，莫遣白发生秋风。

定须却致两黄鹄，新与上帝开濯龙。

湖成君归侍帝侧，灯花已缀钗头虫。

颍州西湖，相传是周康王的御花园，欧阳修在此上任期间对西湖十分喜爱，为其写了许多诗词歌赋。

苏轼上任时，恩师已经故去七年，睹物思人，他感慨万分。看到荒草丛生、面目全非的西湖，苏轼非常痛心，于是上奏朝廷请求拨款招募农夫兴修水利，重修西湖，让其焕然一新。

治理西湖是个大工程，苏轼带领着众多黄河夫，挖淤泥，输水道，筑苏堤，植莲藕，每天忙碌不停，终于让西湖由泥潭变冰玉。

诗中道尽了大家的忙碌与辛苦，也通过对比看到了西湖前后截然不同的变化。苏轼所做的这一切，既是为给颍州的百姓造福，也是对恩师的告慰，同时还向朝廷证明了自己的工作能力。

惠州西湖虽不及杭州西湖面积广、名气大，但也别有一番风光。苏轼漫步在苏堤上，忘却了身世的不幸、贬谪的悲凉，向着京城的方向努力地眺望……

第二章
人不见，数峰青

01　苦含情，遣谁听

很喜欢这样一句话："朋友是了解你的过去，相信你的未来，并接受你的现在的人。"

苏轼有很多朋友，其中不乏相差几十岁的忘年交，张先就是其中的一个。

张先比苏轼年长46岁，是爷爷辈的老朋友。他字子野，乌程（今浙江湖州）人，和欧阳修是同榜的进士，擅长小令，婉约词派的代表人物。因为他的三首词都巧妙用了"影"字，所以得了个"张三影"的美誉，与"柳三变"合称"情歌双璧"。

虽然二人年纪相差悬殊，写作风格也不相同，但他们志趣相投，张先也成了苏轼的良师益友。听说八十五岁的老前辈又要娶年轻的新媳妇，苏轼写诗调侃："锦里先生自笑狂，莫欺九尺鬓眉苍。"张先看后哈哈一笑："还是子瞻最懂我啊！"

这一天，苏轼和张先一起在西湖上泛舟，笑声洒于江面。忽闻古筝声声，哀婉凄凉，不知何人因何事悲伤。曲终人散，苏轼很想和弹奏者相见，聊一聊心事，诉一诉悲欢。没想到弹琴人早已不见踪迹，只留下幽幽青山、隐隐白云，苏轼内心也是一片惘然，于是挥笔写下了这首《江城子》。

江城子·江景

苏轼

湖上与张先同赋，时闻弹筝。

凤凰山下雨初晴，水风清，晚霞明。一朵芙蕖，开过尚盈盈。何处
　　　飞来双白鹭，如有意，慕娉婷。
忽闻江上弄哀筝，苦含情，遣谁听！烟敛云收，依约是湘灵。欲待
　　　曲终寻问取，人不见，数峰青。

　　凤凰山下，雨后初晴，水光潋滟，云淡风轻，夕阳在山，晚霞
如火，芙蕖轻舞，白鹭飞歌。

　　苏轼和张先一边欣赏美景，一边饮酒作词，忽然传来一阵古筝
声，凄凄婉婉，如泣如诉。

　　二人四目相对，但谁也没有说什么。张先轻捋着银白色的长
髯，眉头紧锁。

　　一切景语皆情语，一切琴声皆心声。

　　凄凉的丝弦声，仿佛弹筝者的泪水在风中挥洒，悲伤在湖面徘
徊，苏轼不禁想起了白居易笔下的琵琶女，又联想到传说中的湘水
之神。这个正在弹筝的女子，或许也经历了许多人生的苦痛，有许
多难言之隐，所以才会弹奏出如此哀婉的曲调。

　　苏轼也放下了手中的酒杯，站起身来，立在船头四处张望。琴
声跌宕起伏，高低错落，就像寒夜里摇曳的孤星，寂寞而深邃；又
似那山际徜徉的云烟，迷茫又朦胧。

　　人潮汹涌，知音难觅，有些人只是过客，匆匆而来，匆匆而
去；而有些痛苦也难以和他人诉说，只能自己慢慢化解。

　　这首词巧妙运用了以乐衬哀的手法，美景与哀乐相互映衬，既
表达了弹筝者内心的凄凉，也表现出作者对她的同情和关切，结尾
二句更让词的意境变得悠远，给人无限的想象空间……

02　重重似画，曲曲如屏

　　"风烟俱净，天山共色。"南朝诗人吴均在船行富春江时，曾给
好友写下一封《与朱元思书》，天下独绝的奇山异水让人心动不已；
而黄公望的《富春山居图》更是画出了富春江的神韵，让其名扬天
下，吸引八方来客。

富春江有段绵延七里的急流名唤"七里濑",又名"七里滩"。1073 年,苏轼巡查富阳,泛舟富春江,途经七里濑,被这里的奇山异水深深感染,不禁又诗兴大发。

行香子·过七里濑

苏轼

一叶舟轻,双桨鸿惊。水天清、影湛波平。鱼翻藻鉴,鹭点烟汀。过沙溪急,霜溪冷,月溪明。

重重似画,曲曲如屏。算当年、虚老严陵。君臣一梦,今古空名。但远山长,云山乱,晓山青。

如果苏轼生活在现代,一定是个优秀的摄影师,他站在不同的视角,换用不同长短焦的镜头,将七里濑的秀丽风光尽收眼底。

他先用广角镜头拍摄写出江面的辽阔,轻舟一叶,在江面上乘风破浪,如飞鸿在水面掠过,自在弄清波。江天一色,波平如镜。越来越宽广的画面一点点展现在眼前,让人如同身临其境,心胸也变得格外开阔。

而后词人又将镜头拉近,聚焦眼前的景物,慢慢地推进,放大。锦鲤游泳,白鹭蹁跹,活泼可爱,似与游者相乐。而水中沙洲的静谧,与飞鸟游鱼的灵动又相映成趣,使七里濑更富有生机和活力,野趣盎然。

夜幕时分,月光下的江水宛若水晶,剔透冰清,颇有几番霜意。山峦叠翠,如画如屏,作者一边欣赏着这醉人的美景,一边又陷入对人生的思考之中。

有些人并不能真正领悟到生活在山水间的妙处,他们放不下功名利禄,即使归隐也是心在江湖,徒有虚名罢了。苏轼巧借东汉时期严光归隐的典故,讽刺他和刘秀一样沽名钓誉,并不能达到陶渊明真心归隐田园的境界。

"横看成岭侧成峰,远近高低各不同。"顿悟后的苏轼,又站在不同的角度重新审视眼前的山脉。远山绵延万里,千百成峰;云遮雾绕,山林更显幽静神秘;而清晨时分的青山,披着朝霞,青翠欲滴，林中一片莺歌燕舞，别样热闹……

什么都是浮云，唯有江山永在。

严光也好，刘秀也罢，都尘归尘，土归土，淹没于岁月的长河。千年以后，江山依旧多娇，不言不语，笑看红尘喧嚣。

03 我为剑外思归客

1081年，苏轼因乌台诗案而被贬到黄州也一年有余，全家二十余口寄居在临皋亭，以在东坡开荒种地为生。这一年，苏轼的好友朱寿昌去鄂州（今湖北武昌）上任，二人以书信为桥，让友情跨越时空。

朱寿昌，字康叔，工部侍郎之子，妥妥的官二代。而他又以孝顺著称，曾凭借"弃官寻母"的感人事迹登上了"二十四孝"的光荣榜。

朱寿昌比苏轼年长24岁，与苏洵年纪相仿，二人结为好友多年，书信诗词往来不断，仅《苏东坡全集》中就收录了写给朱寿昌的书信21封、诗词10首、文章2篇，可见二人友情之深厚。

满江红·寄鄂州朱使君寿昌

苏轼

江汉西来，高楼下、蒲萄深碧。犹自带，岷峨雪浪，锦江春色。君是南山遗爱守，我为剑外思归客。对此间、风物岂无情，殷勤说。江表传，君休读；狂处士，真堪惜。空洲对鹦鹉，苇花萧瑟。不独笑书生争底事，曹公黄祖俱飘忽。愿使君、还赋谪仙诗，追黄鹤。

长江、汉江滚滚东流，居高临下，猛浪若奔，颇有"大江东去"的气势。而这奔涌如雪浪的江水，则来源于高山之雪，所以才格外清冽冰洁。

苏轼是四川人，从小在峨眉山下、岷江之畔长大，怎能不触景生情，怀念家乡？所以才道出了"我为剑外思归客"的慨叹。想到家乡的山山水水，苏轼心中自有千言万语，只是一时间不知从何说起，需要细细思量后才可一一道来。

天地悠悠，过客匆匆，多少人壮志难酬，多少人挥斥方遒？

祢衡是三国时期的名士，却因狂放不羁而得罪曹操，最终被曹孟德借黄祖之手砍了脑袋。

古来万事东流水，大梦散去一场空。

孤傲的祢衡，奸诈的曹操，鲁莽的黄祖，最终都化作一座座坟丘，成为后世人的谈资，可怜，可惜，可悲，可叹！

苏轼对这三类人都是不屑的，认为他们都太轻浮可笑。相比之下，他更赞叹诗仙李白，总是不断地积蓄力量，迎难而上。

李白站在黄鹤楼前，看到崔颢的诗板自叹不如，但又心有不甘。多年以后，他不仅写下"孤帆远影碧空尽，唯见长江天际流"的千古绝句，还在金陵留下了"凤凰台上凤凰游，凤去台空江自流"的旷世名篇，足可与崔颢的"黄鹤一去不复返，白云千载空悠悠"相媲美。

李白一生仕途不畅，和苏轼的境遇有相似之处，但他乐观豁达，真诚洒脱，为了梦想追逐了一生，并在诗词创作方面达到了艺术的高峰，也是苏轼心中的一盏明灯。

苏轼称友人"君是南山遗爱守"，是对朱寿昌政绩的赞颂，也暗含对他的鼓励，希望他能像李白一样不懈追求，实现自己的人生价值。

身为罪官的苏轼，虽然身处逆境，但并不沉沦。他借这首词，既表达了对山水的喜爱和赞美、对友人的思念与劝勉，又抒发了自己的思乡之情和人生感慨，寓意深远。

沈从文曾在《到日光下去生活》中说："走出去，到日光下去，去找到属于你的甜。即使踏着荆棘，也不觉悲苦；即使有泪可落，亦不是悲凉。"

人生就是跌宕起伏的交响乐，高低错落。勇者即便身处低谷，亦可弹唱生命的最强音。

第三章
大江东去

01　清风徐来，水波不兴

唐代大诗人杜牧曾写过一首七绝《赤壁》："折戟沉沙铁未销，自将磨洗认前朝。东风不与周郎便，铜雀春深锁二乔。"借古讽今，表达了自己壮志难酬的抑郁不平之情。

机遇造就英雄，时势改变命运。

苏轼也属人间第一流，只可惜机缘不合，尚未实现凌云志，就屡遭他人排挤和陷害，深陷泥泞。成者为王，败者为寇，不愿向命运低头的苏轼，面对着一江明月、丹壁如火，心中又掀起了波澜壮阔……

元丰五年（1082）七月十六日夜，苏轼和好友们一起泛舟赤壁，畅饮高歌，欢笑声此起彼伏，连水中的鱼儿也被吸引得纷纷露出水面凑热闹。

都说十五的月儿十六圆，那一夜的明月果然分外皎洁圆润，宛如一只白玉盘高挂于夜空，将四周的天幕都染上一抹淡淡的银色。大家兴致勃发，和诗不断，苏轼也借景抒怀，写下浪漫又飘逸的《赤壁赋》。

"清风徐来，水波不兴。"如此宁静祥和的夜晚，人们的心情也是清澈明朗的。而当月光乍现，水天相连，诗人又展开了美好的幻想，乘一叶小舟，在水上任意东西，又随风逐浪凌空而起，仿佛飞入仙境，遗世独行。

苏轼也曾在《水调歌头》中表达过羽化成仙的梦想："我欲乘风归去，又恐琼楼玉宇，高处不胜寒。"

当时的他还在密州上任，尚未经历乌台诗案，对官场还抱有幻想，舍不得出仕，所以才会有"起舞弄清影，何似在人间"的想法。

而今他已在黄州苦熬两年半了，饱尝世态炎凉，再望这皎皎无尘的明月时，不禁又产生了飞天成仙的幻梦。

对酒当歌，人生几何。幸甚至哉，歌以咏志。

苏轼喝到兴头，叩舷而歌。朋友则在一边吹箫伴奏，声音逆折低落，宛若子规夜啼，不免过于悲凉，让苏轼的心情也由晴转阴。二人从三国英雄谈到生命如粟，苏轼慨叹人生虽短，但江山不改，明月常在，只有与自然合二为一，才能拥有更多的惬意和逍遥。

忘却烦与尘，行乐须及春。苏轼在赋中谈古论今，抒怀言志，有壮志难酬的踯躅，也有超然万物的洒脱。结尾处众人复饮后醉卧的画面更显示出他们的释然和陶然，而东方既白预示着新的希望蒸腾而出，天地一片明朗。

这篇赋融合情、景、理、趣于一体，彰显了苏轼化身东坡先生之后豁达宽广的胸襟、乐观豪迈的情怀、智慧通达的思维。世人读罢此文，也仿佛徜徉山水间，和东坡先生一起神游赤壁，笑看古今，自在超然。

02　山高月小，水落石出

三个月后，苏轼和好友从雪堂出来，本打算回临皋亭休息，可是两个朋友一路跟随，三人说说笑笑，难舍难分。

月色正浓，正是对酒当歌之良辰，可惜东坡先生囊中羞涩，无钱买酒肉招待好友，很尴尬地叹了一口气。

朋友一笑："无妨，我今天正好打上一条大鱼，可以下酒。"苏轼眼前一亮，忙跑回家和妻子商量，没想到王闰之竟然魔法般变出一壶酒来，激动得老苏真想抱着她亲上一口。

酒肉都齐了，苏轼和朋友乐呵呵地跑到赤壁边，再次临江而坐，欢饮开怀。曾经的清风徐来、水波不兴，而今却变成了山高月小、水落石出。

苏轼轻轻地一捋长髯:"谁说山川是一成不变的?没有什么是真的永恒啊!"

独自登上高高的赤壁丹岩,苏轼不再想横槊赋诗的曹孟德,也不再念羽扇纶巾的周公瑾,他想到的是春风得意、制科考试一鸣惊人的自己,泛舟西湖看水光潋滟的自己,在御史台大牢里饱受刑罚之苦满腹委屈的自己,有家难回、坐听一夜涛声的自己,躬耕东坡、自食其力的自己,壮志难酬、早生华发的自己……

苏轼的思绪如高天上流云,林樾间清风,无声无形,上下涌动,情至深处,他引吭长啸,草木与之鸣和,高山为之动容,空谷中回荡着熟悉又陌生的回响,铺天盖地,卷起惊涛骇浪。苏轼自己都被这啸声的回音震撼,静静地伫立在山巅,眺望着远方,慢慢平复自己驿动的心绪。

回到船上,苏轼与朋友继续畅饮,偶遇一只白鹤迎面飞来,展翅而过。

有趣的是,那天晚上苏轼竟然梦到一个道士,笑着问他:"夜游赤壁开心否?"

苏轼看着他那奇怪的打扮、神秘的笑容恍然大悟,原来这个道士是个仙人,在船上偶遇的仙鹤就是他变的。

庄周梦蝶,物我合一。而苏轼笔下的仙鹤与道人,其实也是他自己的化身。他从小就做道士梦,而今经历了太多的人生苦楚,对出世与成仙也充满了向往。然而无论是飞鹤还是道人,也只是擦肩而过,瞬间不见,预示着苏轼的归隐梦难以实现。

前后《赤壁赋》都画面感十足,情景交融,让人如临其境。二赋前后呼应,一实一虚,一真一梦,浑然一体,月与醉贯穿始终,但诗人又是清醒的,豁达的,超然的。

生活给我一团乱麻,我却还它一件毛衣。

东坡先生内心是矛盾的,道路是陡峭的,却仍可坦然地面对风浪,随遇而安,满怀乐观地奔赴热辣滚烫的每一天。

03　多情应笑我

苏轼的前后《赤壁赋》想象丰富，笔调酣畅，富有哲理，发人深思。但世人能脱口而出，熟读成诵的却是他的另一首词，同样写大江和赤壁，更显得干脆利落，气势磅礴，这就是著名的《念奴娇·赤壁怀古》。

念奴娇·赤壁怀古

苏轼

大江东去，浪淘尽，千古风流人物。故垒西边，人道是，三国周郎赤壁。乱石穿空，惊涛拍岸，卷起千堆雪。江山如画，一时多少豪杰。

遥想公瑾当年，小乔初嫁了。雄姿英发，羽扇纶巾，谈笑间，樯橹灰飞烟灭。故国神游，多情应笑我，早生华发。人生如梦，一尊还酹江月。

时光如水，岁月如梭。多少英雄豪杰，皆成历史，成败功名都随大浪淘沙。苏轼看着水中苍颜白发的倒影，不觉慨叹："韶华易逝，盛日难回。人生若沧海一苇，起伏不定，漂泊无涯。"

奔腾不息的长江水，吼声如雷，似千军万马，浩浩汤汤向东飞驰而去，这震撼人心的气势，为三国英雄人物的出场搭建了最好的背景。

惊涛拍岸，乱石穿空，飞浪如雪，怒吼若雷，如此壮阔的赤壁盛景，与前面的大江东去一脉相承，让人很自然地就会联想到三国豪杰的卓荦气概。

"江山如画，一时多少豪杰"，我们读到此处，也不禁会想起毛主席的诗句："江山如此多娇，引无数英雄竞折腰。"

英雄与山河同在，长缨在手，气贯长虹！

说到三国豪杰真是数不胜数，孔明、关羽、孙权、赵子龙等都是精英中的精英，那么苏轼为何偏偏要写周公瑾这个少年将军呢？

首先周瑜是赤壁之战的统帅，卓异不凡，战功赫赫；其次他年少有为，才貌过人，文武双全，人生圆满。

　　玉树临风的外表，不怒自威的气场，挥斥方遒的才能，决胜千里的威力，一层层光环不断渲染，让周瑜光彩夺目，惊艳世人。

　　而这些，都是苏轼可望而不可即的。

　　努力是一个人的下限，而运气则是一个人的上限。

　　周瑜天时地利人和皆占，自身也很优秀，所以才能实现凌云志，一战成名。而苏轼空有一身才气，满怀抱负，却造化弄人，只能蜷缩在黄州苟且偷生，借酒浇愁，内心充满了悲凉。

　　但是，诗人转念又一想，是非成败转瞬皆空，三国鼎立争霸，最终归晋统一姓了司马，所有的一切付诸东流，成为历史的一个标点而已。

　　他人的成功不必羡慕，没有什么可以真的永恒，还是活好自己最为重要。人到中年，白发越来越多，余生越过越短。与其多愁善感，虚掷光阴，不如及时行乐，诗酒趁年华。

　　苏轼的这首壮词气势豪迈，如江水浩荡，雪山巍峨，伟岸磅礴。表面上周郎是男一号，实际上苏子才是主人公。他峨冠高耸，朗目如星，俯视大江，傲视苍穹，古今万事东流水，都从他脚下奔涌而过；多少豪杰叱咤风云，终化为惊涛拍岸一场空。

　　人生如梦，时不我待，举杯对月，与尔同酌。敬天！敬江！敬明月！敬东坡！

第四章
归去，也无风雨也无晴

01 一蓑烟雨任平生

苏轼在黄州的日子过得相当惨，一家二十余口挤在潮湿逼仄的临皋亭里，和杭州的大宅院有着天壤之别。

好不容易攒了一点儿钱，朋友又愿意伸手援助，苏轼也想买块地在此终老。听说黄州东南三十里有个地方名叫沙湖（又叫螺蛳店），田价很便宜，苏轼思来想去动了心，决定亲自去考察一番。

定风波

苏轼

三月七日，沙湖道中遇雨。雨具先去，同行皆狼狈，余独不觉。已而遂晴，故作此词。

莫听穿林打叶声，何妨吟啸且徐行。竹杖芒鞋轻胜马，谁怕？一蓑烟雨任平生。

料峭春风吹酒醒，微冷，山头斜照却相迎。回首向来萧瑟处，归去，也无风雨也无晴。

又是一年春来早，苏轼和朋友们一起去沙湖看地，没想到半路上竟遇到一场大雨。没有雨具，两边又都是竹林，连个避雨的地方都没有，一行人很快就被浇了个透心凉。大家你看看我，我看看你，那副狼狈的样子，让人哭笑不得。

苏轼虽然也浇了个"通透"，但一想到自己很快就会有立身之所，心中激动不已。再加上刚喝完酒，胸膛里仿佛生起一个小火炉，小火苗烧得正旺。所以这点儿雨对他来说，根本就算不了什么。

雨点落在竹叶上，发出"滴滴答答"的响声，又从高处落下，不时地滴落在人们的头上。苏轼却无所谓，他戴着高高的帽子，穿着轻便的草鞋，拄着一根竹杖，昂着头，挺着胸，迈着四方步，慢慢地向前走着，一边走还一边高声唱歌，那悠闲自得的样子，好像比骑马还要舒服自在。

此时的苏轼正处于人生的最低谷，什么大风大浪没有见过，淋点儿雨又算得了什么？

这场雨来得快，去得也快。转眼间云开雾散，斜阳又从对面的山头款款走了出来，露出明媚的笑容。清风徐来，春暖乍寒，苏轼身上的衣服已经湿透，不禁打了个寒噤，酒劲儿也醒了几分。

碧空如洗，斜阳如血，他停下脚步，回首望向刚刚走过的那片竹林，晶莹的雨珠还在叶子上闪烁，他淡淡一笑，又把目光投向了远方。晴天也好，风雨也罢，都无所谓了。

所遇都是必然，所见都是风景！

冷风吹，斜阳迎，预示着人生阴晴不定，还有许多未知的困难会随时光临。苏轼面对风雨不躲不避、不忧不惧，终守得云开见日升。希望之光从诗人笔下冉冉升起，照亮了他前进的路，也照亮了我们彷徨的心。

苏轼不仅遭受自然界的冷风急雨，也饱尝了人生中的阴风苦雨，所以最后三句一语双关，让我们看到了他不以物喜、不以己悲的博大胸襟，履险如夷、喜忧两忘的超然境界。

这首词不仅成了苏轼笑对风雨的人生写照，也成了他豪放词的典型代表，更是世人用来为自己打气、为他人加油的励志宣言。

心之所向，素履以往。山高水长，风雨无恙！

02　聋人神医

苏轼一行人冒雨去沙湖看地，但现场考察的结果并不乐观。地没有买成，苏轼大失所望，急火攻心，又因淋雨染上了风寒，高烧不退。

苏轼躺在床上，喝了许多剂汤药也不管用，难受得一塌糊涂。听说蕲水有一个神医叫庞安时，医术高明，手到病除，苏轼忙派人请他来为自己号脉医治。

万万没想到，请来的神医竟然是个聋子，苏轼暗自叫苦，这可怎么治啊？

庞安时却无所谓，号完脉后又看了看苏轼的舌苔，然后不紧不慢地从药箱里拿出一张纸，示意苏轼以笔代口，写一下自己的病因和症状。

苏轼简单地写了几个关键词，庞安时微微一笑，量身定制的药方很快就新鲜出炉。苏轼一看药方，不由得喜上眉梢，对眼前这个乡下土郎中更是刮目相看，半开玩笑地说："我用手当嘴巴，你用眼睛当耳朵，我们两个人都是当代的奇葩啊！"庞安时心领神会，哈哈一笑，对苏轼竖起了大拇指。

庞安时，字安常，比苏轼小五岁，自称"蕲水道人"。他出生于医学世家，天资聪慧，记忆超群，过目不忘，虽然耳朵失聪，但悟性极高，手法巧妙，长大后医术越来越精湛高超，有"北宋医王"之美誉。

庞安时不仅有妙手回春之术，更有悬壶济世之德。他对患者非常热情细心，而且一视同仁，不分高低贵贱。他治病不收红包，诊费不足也尽心竭力地救治，实在无能为力也会如实相告，不会骗钱误时。庞安时仿佛华佗再世，仲景重生，在当地有口皆碑。

苏轼吃了他的几服药后身体痊愈，对其佩服得五体投地。而庞安时也毫不在意苏轼罪官的身份，大大方方与其交往，还请苏轼为自己写的《伤寒总病论》作序。二人惺惺相惜，结为好友。

有一天，庞安时给一个身患重疾的患者诊治，患者病愈后以重金酬谢。奇怪的是，庞安时竟分文不取。

患者丈二和尚摸不着头脑，庞安时却笑着一指他家桌上的砚台，患者恍然大悟。

这块砚台是患者家祖传的宝贝，据说是制墨名家李廷珪亲手所制，非常珍贵。但和自己的性命相比，一方砚台又算得了什么？于是患者将此砚送给庞安时以谢救命之恩。

庞安时知道苏轼擅长书画，喜欢文房四宝，对砚台更是情有独钟，于是就将这块宝砚送给了他。苏轼受宠若惊，礼尚往来，也写了许多墨宝送给庞安时。

苏轼捧着这块宝砚爱不释手，总觉得只送几幅字给朋友太小气了，于是又主动为他打起了广告，写下了著名的《游沙湖》等诗文，还和他同游同乐，让"聋人神医"的美名世人皆知。

> 黄州东南三十里为沙湖，亦曰螺师店。予买田其间，因往相田得疾。闻麻桥人庞安常善医而聋。遂往求疗。安常虽聋，而颖悟绝人。以纸画字，书不数字，辄深了人意。余戏之曰："余以手为口，君以眼为耳，皆一时异人也。"（《游沙湖》节选）

沧州有个喜来乐，蕲水有个庞安时，一个虚幻，一个真实，却都是悬壶济世，医者仁心，不求名来名自扬！

03　谁道人生无再少

这一天，庞安时与苏轼同游蕲水清泉寺，一路山青青，水潺潺，风柔柔，云淡淡，他们一边欣赏着湖光山色，一边用手语嬉戏交流，欢笑的音符或挂在树林的眉梢，或回荡在泉水的眼角。

清泉寺在蕲水县城外两里开外，那里有一方清澈的池塘，传说书圣王羲之曾在这里洗过笔，所以被称为"洗笔池"。

池的下方有条兰溪，流向很特别。几乎所有的江河湖泊都是向东流，而此溪水却逆行而往，一路向西。苏轼见状又惊又喜，脱口而出一首《浣溪沙》。

浣溪沙

苏轼

游蕲水清泉寺。寺临兰溪，溪水西流。

山下兰芽短浸溪，松间沙路净无泥，萧萧暮雨子规啼。
谁道人生无再少？门前流水尚能西！休将白发唱黄鸡。

兰花新芽，芳草枝丫，沐浴在清溪的怀抱里；林间小路，一尘不染，蜿蜒到山谷的通幽处。苏轼和好友漫步在松间的沙路上，闻着枝叶散发出的淡淡清香，心情无比舒畅。

傍晚时分，春雨如酥，杜鹃鸟的歌声从林间传出，高一声，低一声。这画面犹如作者随手拍摄的 VCR（短视频），有山有水，有色有声，有花有鸟，有雨有晴，发个朋友圈必赢来点赞转发收藏三连击。

它像一首优美的古曲，琴筝和鸣，高低错落，在山间回荡，在心田盘旋。让人闭上眼睛也可以感受到扑面而来的春的气息，清清爽爽，丝丝凉凉，明明朗朗。耳畔则是自然的天籁，风声、水声、雨声、鸟鸣声不绝于耳，声声入心。

都说时光如水一去不复返，青春的小鸟飞走不回还，但只要有一颗年轻向上的心，也可以老夫聊发少年狂，烈士暮年壮志扬。

"白发"和"黄鸡"多用于感叹时光易逝，年华易老。而苏轼化用白居易的"试呼白发感秋人，令唱黄鸡催晓曲"的诗句，反其意而用之，高呼"休将白发唱黄鸡"，吼出了自己不服老、不服输、不服命的豪放誓言。

英雄迟暮，亦可披挂上阵，驰骋疆场无敌手；老骥伏枥，亦可一鸣惊人，不用扬鞭自奋蹄。

苏轼人到中年，身陷阴沟，但仍眼里有火，心中有光，不计过往，不负春光。

他坚信：旧疾可医，恩怨可忘，山高路远，素履可往！

第五章
春江水暖鸭先知

01　似水流年

与其苦苦追寻失去的东西，不如好好珍惜眼前的美好。

在黄州，苏轼的生活虽很贫苦，精神世界却十分丰盈。他可以酒后观山雨，也可以梦里化蝶飞，还可以月下吟诗篇。即使一身烟雨，仍可安步当车，一边长啸，一边沐风。快哉快哉！

都说爱笑的人运气不会太差。1084 年，神宗皇帝高抬贵手，放苏轼一马，让他赶往汝州上任。半路上，苏轼受好友袁陟的邀请，在友人王胜之的陪同下，一同赶往真州（今江苏仪征），共游当地名胜东园。

东园是北宋时期龙图阁直学士施正臣、侍御史许子春、监察御史马仲涂等三人用废旧军营改造成的一座美丽的园林。它方圆百亩，流水淙淙，左有清池如镜，右见楼台高耸，内置拂云亭、画舫舟、清晏堂等醉人景观。园中也不乏各类奇花异草、假山池沼，可与苏州园林媲美。

1051 年八月，欧阳修任应天府兼南京留守，根据好友的口述与赠图，作了一篇《真州东园记》。苏轼素闻东园之美名，也读过恩师佳作，今日一见果然名不虚传。

南歌子

苏轼

　　见说东园好，能消北客愁。虽非吾土且登楼，行尽江南南岸，此淹留。

短日明枫缬，清霜暗菊球。流年回首付东流，凭仗挽回潘鬓，莫教秋。

苏轼本是眉山人，所以自称"北客"。东园风景秀丽多姿，正好可以慰藉苏轼那颗孤寂愁苦的心。他和朋友们登上高楼，极目远眺，思绪万千，其中也不乏对恩师欧阳修的怀念，对好友的感谢，对未来的憧憬……

时光易逝，人生苦短，所以每一天都要好好活，每一处风景都要用心赏。

枫叶如火如荼，在夕阳的照耀下熠熠生辉；菊花冲天怒放，在清霜的晕染下别有诗意。漫山红遍，层林尽染，世人眼中寂寥荒寞的秋色，在苏轼笔下却色彩斑斓，别有一番生机和情趣。

美景不仅可以养眼，也可以养心怡情。望着小桥流水，金菊丹枫，苏轼也放下思乡的愁、悲秋的怨，和好友优哉游哉，举杯同欢，将快乐进行到底。

02 诗情画意

吃得苦中苦，方为人上人。1085年，苏轼再次回到京都，连升六级，身居高位，又可与好友推杯换盏，吟诗作画，心中一片陶然。

苏轼的朋友众多，著名诗僧惠崇就是其中一个。他精通五律，善画鹅雁。这一年，春暖花开，南雁北飞，惠崇画了两幅图，即《鸭戏图》和《飞雁图》，苏轼回京后为其题诗，助其锦上添花。

惠崇春江晚景二首

苏轼

其一

竹外桃花三两枝，春江水暖鸭先知。

蒌蒿满地芦芽短，正是河豚欲上时。

其二

两两归鸿欲破群，依依还似北归人。

遥知朔漠多风雪，更待江南半月春。

一年之计在于春，早春时节，乍暖还寒，江水微皱，柳色如烟。

翠竹亭亭玉立，桃花初露笑颜，一红一绿色彩鲜艳，一密一疏相互映衬。而"三两枝"更突出一个"早"字，百花尚未争奇斗艳，但已蓄势待发，春天的潜力不言而喻，早春的生机喷薄而出。

江水是寒是暖，小鸭子已经迫不及待地亲自体验一番了。它们在水中欢乐地追逐嬉戏，"嘎嘎"的叫声在水面上荡起涟漪，与岸边的翠竹红花一动一静遥相呼应。

春暖花开，万物复苏，好一幅生生不息、欣欣向荣的动人画卷。

"蒌蒿满地芦芽短"与白居易笔下的"浅草才能没马蹄"有异曲同工之妙，蒌蒿、芦芽刚刚破土而出的样子跃然纸上，一片蒸蒸日上之景。春水中的河豚争先上游，欢闹无比，与"春江水暖鸭先知"既不谋而合，又遥相呼应。

画卷中没有莺歌燕舞，而是传神地描绘了鸭子与河豚在水中嬉戏的活泼动态，可见慧崇的构思巧妙。而苏轼又用质朴清新的文字，自然逼真地呈现出了早春时节的温暖与生机，表达了对美好春光的喜爱和赞美之情，此诗也成了后世描绘春景的代表作，脍炙人口。

相比之下，第二首虽然没有第一首诗那么出名，但仔细品读也别有一番情趣和意境。

我们平常看到的多是秋天的大雁，或人字，或一字，排云而上，结队南飞。而当苏轼看到画中北归的大雁时，想到的不仅是江南的温柔、北方的寒气，还有流离颠沛的自己。

在这支北飞的大雁队伍中，有两只雁儿偏偏想要离群，他们舍不得南方的温暖与湿润，还想继续留在这里，所以流露出依依不舍之情。

北方春寒未尽，冷意未消，风雪常常不请自来，雁儿们也素闻那里环境的多变与恶劣，更想在南方多停留一段时日，待那里风和日丽时再飞去也不迟，这也在情理之中。

苏轼老家在四川，而后又买田阳羡，都是在南方。他虽然在外漂泊吃了很多苦，乌台诗案后也受了很多罪，但心中仍渴望得到朝廷的重用。而他又是一个随遇而安的人，在江南时间久了，他又习惯了那种温暖如春的环境和与世无争的生活，踏踏实实做事，兢兢业业为官，再次回归朝廷又难免会产生"高处不胜寒"的担忧。

两首诗都是写早春，第一首更能突出春的生气与温暖，而第二首诗则流露出诗人欲去还留的矛盾心情。不同的画面，不同的情感，诗人的想象空间无限扩展，又推动读者的遐思向不同的方向神游而去……

03 最是橙黄橘绿时

苏轼重回京城五年，喜忧参半，却又不慎陷入党派之争。他不想再让小人拿自己的诗词作"阅读理解"，上演乌台诗案之续集，于是又主动请调，再次来到杭州做太守。在那里，他遇到了多年不见的好友刘景文。

刘景文，字季孙，乃将门忠烈之后。他为人热情豪爽，被苏轼誉为"慷慨奇士"。苏轼为刘景文写了许多诗词，二人友情之深非同寻常。苏轼生病卧床不起，一听说刘景文来了，顿时像吃了灵丹妙药似的，病也好了大半，身上也不疼了，不用扶就能自己拄杖下床，亲自出门迎接。他还拿出自己都舍不得喝的好酒，热情款待老友，留他多住几日，天天都要喝个痛快，聊个淋漓。

刘景文虽然有才，但生不逢时，一直得不到朝廷的重用。苏轼多次举荐，才让他向上迈了一小步。他虽然生活条件一般，但志趣高洁，酷爱收藏，还不吝啬，有好宝贝也会和苏轼同赏。苏轼过生日时，他还把收藏多年的《松鹤图》送上做礼物，真是太大方了！

1090 年秋末冬初，正是橘子成熟的好时节。苏轼看好友的心态有点儿颓，于是又写下一首绝句为他打打鸡血，鼓励好友乐观向上，再次燃起来！

赠刘景文

苏轼

荷尽已无擎雨盖，菊残犹有傲霜枝。

一年好景君须记，最是橙黄橘绿时。

夏天不知不觉已经成为过去时，菡萏零落，蜻蜓飞去，连听雨声的枯叶都低下了头沉沉睡去。菊花虽也过了怒放的时节，花瓣残落，满地金甲，但仍有寒枝傲霜，暗香残留。

菊，花之隐逸者也。苏轼用菊花来暗喻好友的命运和品节，也表达了对他的同情和敬意。

此时的刘景文已经五十八岁，过了知天命的时节，对未来也不再抱有太多的期盼，只想佛系闲度人生。苏轼作为多年好友不仅为他鸣不平，还鼓励他"休将白发唱黄鸡"，人到中年一样可以做出不一样的业绩，燃烧起崭新的滚烫人生。

一年中最美丽的季节，不是"乱花渐欲迷人眼"的春天，也不是"映日荷花别样红"的夏天，更不是"千树万树梨花开"的冬天，而是"晴空一鹤排云上"的秋天。

晚秋时节，江涵雁影，冷浸翠碧，正是橙子金黄、橘子青绿的好时节。

橘树也是三闾大夫屈原最喜欢的树，所以他作《橘颂》来表达对故园的热爱，也展现出他高洁的品行。菊花也好，橘树也罢，都饱含着苏轼对刘景文的劝勉、鼓励和赞颂。希望他能在逆境中不颓唐，在失落中不彷徨。热情不冷，乘风向上。

心有山水不造作，静而不争远是非。

苏轼游山水，写四季，画竹石，寄友人。且将诗句琢琼英，不负世间闲客行。

卷七　婉约风情——多情却被无情恼

自惜风流云雨散，关山有限情无限。

剪一缕相思，诉几处闲愁，持杯邀月，

花前醉舞，莫问人生荣枯事，烛影摇情

无须归。

第一章
多情流水伴人行

01 任是无情也动人

银塘朱槛，园绿新荷。苏轼的笔下不仅有荷塘月色、红梅翠翘，也有孤客恨、佳人愠。他不仅打开了豪放词的大门，也步入了婉约词的长河，让我们看到豪放大叔也有柔情温语的一面。而他笔下的婉约风，丝毫不比秦观、柳永逊色，反而多了几分清新脱俗。

南歌子，又名"南柯子"，是双调词牌，在北宋时甚是流行。苏轼曾先后用此调作词十七首，内容不拘一格，怀旧、送别、酬赠等都有所涉猎，词风婉约而脱俗，清丽而动人，给人一种似曾相识又耳目一新的感觉。

1078年正月，苏轼在徐州收到了好友章粢寄的唐代名妓崔徽的画像，不禁又浮想联翩。

崔徽虽然沦落风尘，但也是个痴情女子，她与官员裴敬中一见钟情，迅速坠入爱河，如胶似漆，难舍难分。数月后，裴敬中公务完成将要离去，崔徽却不能陪同左右，非常沮丧悲痛，终日以泪洗面，对所爱之人心心念念却难再相见。

一天，敬中的好友白知退路过此地，听说了他们的爱情故事后十分感动，就请著名画师为崔徽作画。崔徽让白知退帮忙将此画转交给裴敬中，并捎话："崔徽愿意用此画来感谢裴郎对我的一片真心，如果有一天崔徽容颜苍老，不如画中人，我就会为爱人而死去，让他永远记住我最美的样子。"

可惜的是，崔徽整日望穿秋水，也没有换来裴敬中的只言片语，她在痛苦的相思和等待中煎熬着，最终走火入魔，癫狂而终，令世人叹惋。

"春蚕到死丝方尽，蜡炬成灰泪始干。"崔徽的痴情让人感动，元稹曾为她写诗歌点赞："为徽持此谢敬中，以死报郎为终始。"秦观也夸她道："尽道有些堪恨处，无情，任是无情也动人。"

苏轼见到崔徽的画像后，也对她的一片痴心敬佩不已。他看着崔徽的明眸皓齿，不禁又想起元稹《莺莺传》里同样痴心的崔莺莺，如果张生没有始乱终弃，他们将是多么幸福的一对啊！

南歌子·有感

苏轼

笑怕蔷薇罥，行忧宝瑟僵。美人依约在西厢，只恐暗中迷路、认余香。

午夜风翻幔，三更月到床。簟纹如水玉肌凉，何物与侬归去、有残妆。

崔莺莺出身于没落贵族，父母本打算将她许配个富贵人家，可莺莺却与穷书生张生一见钟情，并在丫鬟红娘的帮助下私订终身。然而二人花好月圆之后，张生进京赶考，多次未中，反认为莺莺是红颜尤物给自己带来霉运，狠心地将其抛弃，让莺莺好不伤心。

后来，莺莺另嫁他人，而张生也有了婚配。多年以后，当他再次路过莺莺家门前，想以"外兄"身份与其相见时，却遭到了莺莺的拒绝。

变了心的男人不值得原谅，一切都过去了！

苏轼并没有评价张生始乱终弃的行为，只是借用他的身份，大胆又细腻地还原了当年他与莺莺夜里幽会时的浪漫情景。

上片前两句巧用了颜师古《大业拾遗记》中的"挂蔷薇"和《汉书》中的"触宝瑟"两个典故，生动地表现出张生幽会时生怕被人发现的忐忑心理。

二人约好在西厢见面，莺莺早已在里面静静等候。夜色如墨，伸手不见五指，张生不敢点灯，又怕迷路，只好靠闻莺莺来时一路散发的香气来辨别路线。这一段文字写得很细腻委婉，把张生幽会前的一系列复杂的心理活动自然地表露出来。

苏轼没有像一般艳词一样，写崔莺莺的玉面金莲，蜡臂蛮腰；也没有写张生的风月调情，山盟海誓。而是将画面转至二人云雨之后的伤离别，春宵一刻值千金，只恨鸡鸣早。

他从触觉的角度，写出张生不忍离去的心态。风吹幔帐，送来缕缕清爽，月光如水洒在床上，连竹席也像被洗过一样透着几许凉意，刚才缠绵在一起火热的身体，现在也像美玉一样凉凉的。张生看着怀中柔美多情的莺莺，更是舍不得离开。床上还散落着一些发钗、耳环之类的饰物，他打算将这些小物件带回去做个念想。

一般词人都会站在女性角度写男女之情，重点描绘女性闺阁的陈设，女子肌肤容貌的柔美，女子思恋情人的愁苦。

而苏轼则在词中淡化这一切，他站在男子的角度，用大胆又丰富的想象来对人物的内心世界进行剖析和描绘，把描写爱情的婉约词引向了一个新思路，推上了一个新高度。香而不艳，美而不俗，结尾的留白更耐人寻味，二人你侬我侬的画面跃然纸上，余香绵绵……

02　细草软沙溪路，马蹄轻

1079 年，苏轼从徐州又被调到了湖州，求降雨，救旱灾，治太湖，筑苏堤，忙得不可开交。

这一天傍晚时分，刚刚下过一场雨，空气微润，夕阳正浓。苏轼不禁又来了兴致，换上轻便的服饰来到山坡上散步，心情也像这天气一样，多云转晴。

南歌子·雨暗初疑夜

苏轼

雨暗初疑夜，风回便报晴。淡云斜照著山明，细草软沙溪路、马蹄轻。

卯酒醒还困，仙村梦不成。蓝桥何处觅云英？只有多情流水、伴人行。

因为阴云笼罩、春雨迷离，所以苏轼误以为是天色已晚。转瞬间风吹云散，斜阳携手彩霞漫步上场，天空才恢复了一抹亮色。阴晴的变化引出明暗的变化，苏轼的心情也随之豁然开朗。坐着小马车，行驶在铺满软沙的小路上，风清爽爽的，草软绵绵的，他轻松闲适的心情，也与这晴朗朗的天、美滋滋的云相互映衬，感觉倍儿爽！

苏轼早上起床后小酌了几杯，到了傍晚时分酒意还未完全消散。然而困意尚在，但仙梦难成。不能与仙子相遇，苏轼也只好与江水相伴，缓步徐行。词中最后两句化用裴航在蓝桥邂逅仙女云英的典故，流露出苏轼的遗憾之情。但他真正的遗憾又是什么呢？

苏轼真想成仙吗？非也！

苏轼想遇仙女吗？非也！

由梦境映射现实，苏轼的心绪其实是很凄婉落寞的。仕途坎坷让他无奈，壮志难酬令他愤懑。仙梦难成，美人不遇，都在暗示他的政治抱负难以实现。

李后主的满腔愁绪都化作"一江春水向东流"，而苏轼笔下的春水却很多情和温柔。自然山川，给了他心灵的慰藉和温暖，也让他看淡成败得失，胸襟更加宽阔，人生境界更超然洒脱！

03　波同醉眼流

1090 年，苏轼离开京城再赴杭州，徜徉于山水之间，重温于此间的游赏之乐。端午佳节，苏轼与好友一起游览了著名的十三楼，幸甚至哉，歌以抒怀。

南歌子·游赏

苏轼

山与歌眉敛，波同醉眼流。游人都上十三楼。不羡竹西歌吹、古扬州。

菰黍连昌歜，琼彝倒玉舟。谁家水调唱歌头。声绕碧山飞去、晚云留。

十三楼是当地的名胜，它临近西湖，可以和扬州竹西亭齐名。但是苏轼并没用太多的笔墨来描绘十三楼的景观，而是重点写了登楼后的所见所感。

山色如歌女的黛眉叠聚，碧涛似醉人的眼波横流，词人运用比喻和拟人的手法传神地写出了山水的神韵，让山和水一下子变得柔情万种，风姿绰约，令人欲罢不能。开篇二句与北宋婉约派词人王观的《卜算子·送鲍浩然之浙东》中"水是眼波横，山是眉峰聚"有异曲同工之妙。

登上杭州十三楼，不必再羡慕扬州的竹西亭，因为风景这边独好。香软甜糯的粽子，芳醇清冽的美酒，人们举杯同庆端午佳节，温馨热闹的气氛扑面而来。而此时不知是谁唱起了水调歌头，只闻其声，不见其人。歌声萦绕于青山高耸的发髻之上，正欲散去，又被晚霞彩云热情挽留，余音袅袅，不绝如缕。

这最后三句，言有尽而意无穷，笔致含蓄，意韵悠长，动人的歌声将你我也一同带入这曼妙的意境中，如痴如醉，流连忘返。

曲牌可以固定，而词人的情感却是灵动多变的。可悲可喜，可忧可叹，看似相同的调式，实则不一样的风情。

苏轼这三首《南歌子》，或表达男女之情，或抒发雨后惬意，或流露登楼之感，各有千秋。词人站在独特的视角，运用巧妙的笔法，把婉约词也写得如三月微风、四月飘雨、五月碧草、六月晓荷，清丽淡雅，妙不可言。

第二章
点点是，离人泪

01　佳人千点泪

"多情自古伤离别，更那堪，冷落清秋节。"柳永的《雨霖铃》抒发了情人分别时浓浓的离愁别绪，堪称婉约词的巅峰之作。苏轼也是一个多情的男子，当他和友人分别时，也常用细腻温和的文笔来抒发自己的思潮暗涌，同样让人怅然若失，久久意难平。

1074 年，苏轼在杭州做通判时，太守陈襄任职到期即将远赴应天府工作，临行前在有美堂宴请宾客，许多官妓也举杯为其送行。苏轼替她们作词送给陈襄，表达依依惜别之情。

菩萨蛮·西湖
苏轼

秋风湖上萧萧雨，使君欲去还留住。今日漫留君，明朝愁杀人。

佳人千点泪，洒向长河水。不用敛双蛾，路人啼更多。

绵绵不断的雨，和着秋风，让人徒增一抹寒意。多情的女子看着陈太守的身影，一脸细雾迷蒙，分不清是泪还是雨。都说下雨天留客，但还是改变不了陈襄终将要远行的脚步，离别之日就在眼前，而女子舍不得太守离去，太守也舍不得这方热土。是去是留，真是愁煞人啊！

官妓们忍不住掏出手帕，擦拭脸上的泪花，她们不怕他人笑话，也不怕弄花脸上的妆容，如果眼泪能阻拦太守离开的脚步，她们愿意用一生的眼泪与他长相伴。

而舍不得陈襄离开的，又岂止这些官妓？还有更多的杭州百姓，也在洒泪为其送别。陈襄身为一州太守，和蔼可亲，爱民如子，勤勉清廉，治理有方，深受大家爱戴。百姓夹路相送，难舍难分，泪洒千行。

苏轼和陈襄既是同僚也是忘年交，二人志趣相合，不仅工作上配合默契，生活中也是知心好友。此地一为别，不知何日逢。苏轼对老友的不舍之情，没有直接表达，而是站在旁观者的角度，将其隐藏于寒雨迷离、官妓泪涌、百姓送别之中，同时也赞颂了陈襄政绩斐然、人品高洁。慢慢品味，我们才更能读出苏轼的用心良苦。

02　似花还似非花

苏轼被贬到黄州后，他的好友章楶（字质夫）写了一首咏叹杨花的《水龙吟》，请苏轼作次韵。没想到这首次韵，竟然超过了原词，成为苏轼婉约词的代表作。

水龙吟·次韵章质夫杨花词

苏轼

似花还似非花，也无人惜从教坠。抛家傍路，思量却是，无情有思。萦损柔肠，困酣娇眼，欲开还闭。梦随风万里，寻郎去处，又还被、莺呼起。

不恨此花飞尽，恨西园、落红难缀。晓来雨过，遗踪何在？一池萍碎。春色三分，二分尘土，一分流水。细看来，不是杨花，点点是离人泪。

"似花还似非花"，词的开篇就突出了杨花独特的情态，雪白而轻盈，无香却有情，像花又不是花，却如繁花一样可爱。

她娇小玲珑，却并不被风儿爱惜、水儿垂怜，无奈地到处飘散，零落成泥碾作尘，多情反被无情弃。"无人惜"三字渲染出杨花悲剧命运的底色，奠定了全词凄婉悲凉的感情基调。

睹物思人，苏轼看到杨花的落寞，不禁又想到深闺中的思妇。漫漫长夜，她独守空房，夜不能寐，想做梦与情郎相会，都会被莺啼唤醒。整日凭栏远眺，望穿秋水，却盼不来只言片语，那种无人问津的寂寞和伤感，欲罢不能的无奈和哀愁，剪不断、理还乱的浓浓相思情，真是让人心疼。

春梦不成，情人难觅，思妇的惆怅和失落从心底洋溢开来，与幽怨迷离的杨花交织在一起，如一首凄婉的歌谣，呜呜咽咽，悲悲戚戚。

昨夜雨疏风骤，晨起再看小园，落英缤纷零落成尘，那一池浮萍也被打成残片。梦里花落知多少，果然是绿肥红瘦。

再美的花也有凋零的时候，满天的飞絮也有散尽的日子，如果将满园春色分成三份，那么二份归为尘土，一份落入流水，春天彻底远去了。看着春归的步履匆匆，思妇的泪水又一次如河水奔涌，滔滔不绝，散在风中化作杨花漫天飞舞，星星点点，无声无息……

苏轼的这首婉约词情景交融，虚实结合，音韵流畅，首尾呼应，让杨花的流离与思妇的幽怨相互映衬，泪和花融为一体，更显迷离凄楚。既表达了词人对杨花和思妇命运的同情，也流露出对朋友的关怀和思念之情。

世人对此词皆拍手叫绝，宋代张炎称其"东坡次章质夫杨花《水龙吟》韵，机锋相摩，起句便合让东坡出一头地，后片愈出愈奇，真是压倒今古。"明代李攀龙则评价它："如虢国夫人不施粉黛，而一段天姿，自是倾城。"

03 男人哭吧不是罪

1091 年，苏轼在杭州任期已满，又将奉召回京。好友马中玉赋《木兰花令》为其送别，苏轼有感而发，也作次韵回赠。

木兰花令·次马中玉韵

苏轼

知君仙骨无寒暑，千载相逢犹旦暮。故将别语恼佳人，要看梨花枝上雨。

落花已逐回风去，花本无心莺自诉。明朝归路下塘西，不见莺啼花落处。

马中玉高风亮节，冰质玉骨，犹如得道仙人，不为红尘俗事所累。他从不为外界环境的变化而扰乱宁静的内心，是一个淡泊如水的世外高人。

苏轼与马中玉相交甚久，友情深远，而今即将分别，实属难舍。于是他半开玩笑地说："老友，男人哭吧不是罪，我好想看一看你落泪的样子啊！"老友原本眼眶已经湿润，结果听他这么一说反倒把眼泪又都收了回去，指着苏轼笑言："你这个老顽童，就不哭给你看！"

二人说笑了一番，该走的还是要走的。看着即将离去的老友，苏轼的鼻子一酸，眼眶红润，再也开不出玩笑来了。

落花无意，逐风天涯，二人四海为官，身不由己。马中玉也算是苏轼的知己，但他们再也不能像鸟儿一样在同一枝头嬉戏。苏轼一声长叹："唉，又少了一个懂我的人啊！"

马中玉拍了拍他的肩："莫愁前路无知己，天下谁人不识君。东坡，不必太悲伤，我会常给你写信的。咱们后会有期！"

二人举杯对酌，依依不舍，明朝即将天各一方，今晚一定要喝个不醉不归。夜色如歌，落花如雨，莺儿哀啼，伴着两个摇曳的身影，一醉到天明……

菩萨蛮·回文

苏轼

峤南江浅红梅小，小梅红浅江南峤。窥我向疏篱，篱疏向我窥。

老人行即到，到即行人老。离别惜残枝，枝残惜别离。

同样是赠送好友，苏轼的这首《菩萨蛮》又与前几首截然不同。他采用了回文的手法，托物言志，回环往复之间，更显婉约多情。

"峤南江浅红梅小，小梅红浅江南峤。"词的开篇两句直接点出了"梅花"的娇小可爱，一"红"突出色彩艳丽，一"小"指出并不起眼，生动地再现了好友被贬岭南后的艰难处境和孤芳自赏的性情。

"窥我向疏篱，篱疏向我窥。"身处藩篱中，难得自由身。即便如此，好友宁可独守寂寞，也不与桃杏争春。梅花与好友同病相怜，相互慰藉。苏轼以不起眼的红梅作喻，表达了好友坚贞不屈、遗世独立的高洁品行。

"老人行即到，到即行人老。"这里的"老人"是指"老人星"，又称"寿星"，暗指时光如流星一样飞逝，寄托了词人对岁月流逝、人生易老的无奈与感叹。

而最后两句"离别惜残枝，枝残惜别离"既点明了思念之情，又对未来充满了希望。残枝也可在春风再起时重新抽芽开花，枯树也可以在微雨滋润下绽放新绿。这两句既是对自己的安慰，也是对朋友的勉励：心向暖阳，自有花开之时。

1082 年，苏轼已在黄州熬过了两个春秋，走出阴影的他渐渐恢复了与好友们的书信往来，这首词就是寄给远在岭南藤州做知州的好友赵晦之的。同是天涯沦落人，苏轼借此词表达对好友高洁品行的赞美，同时也表明了自己不屈不挠的品性。

真挚的友谊可以跨越时空，亦可让岁月留香。苏轼用回环往复的诗词来表达对友人的关心和祝福，就像《友情岁月》中唱道："来忘掉错对，来怀念过去，曾共度患难日子总有乐趣，不相信会绝望，不感觉到蹉跎，在美梦里竞争，每日拼命进取……"

第三章
风林舞破，烟盖云幢

01　怒放的生命

1074 年秋末冬初，苏轼风尘仆仆赶到密州，与嚣张跋扈的蝗虫展开一场恶战。因为这两年天气干旱，雨水不足，连花开的日期都变得延后。园中的牡丹沉沉睡去，直到金秋九月，才被秋风从酣梦中唤醒，绽放柔美羞涩的笑靥，果然是百媚千娇，惹人爱怜。

苏轼见状心中大喜，不顾窗外的寒雨迷离，设宴请好友们一同观赏，并作《雨中花慢》以示心语。

雨中花慢
苏轼

初至密州，以累年旱蝗，斋素累月。方春牡丹盛开，遂不获一赏。至九月忽开千叶一朵，雨中特为置酒，遂作。

今岁花时深院，尽日东风，荡飏茶烟。但有绿苔芳草，柳絮榆钱。闻道城西，长廊古寺，甲第名园。有国艳带酒，天香染袂，为我留连。

清明过了，残红无处，对此泪洒尊前。秋向晚，一枝何事，向我依然。高会聊追短景，清商不暇余妍。不如留取，十分春态，付与明年。

庭院深深，东风徜徉，茶烟袅袅，柳笛悠扬。本应该是百花齐放、争奇斗艳的好时节，园中却只见杨花轻舞、榆荚缤纷、青苔幽幽、碧草如织，少了往日的热闹与欢愉。

苏轼听说城西长廊附近的古寺中，种着"醉贵妃"和"御花袍"两种特色牡丹，十分想去欣赏一番。但今年雨水稀少，又不知花儿能否如期绽放，也只有暗自思量。

清明过后，那些晚开的花儿也香消玉殒，随风飘落，满地粉红泪，将一池春水都染得戚戚悲悲。让人情不自禁唱起沙宝亮的那首《暗香》："当花瓣离开花朵，暗香残留。香消在风起雨后，无人来嗅……"

到了秋天，满目萧然，残菊也抱着寒枝在风中低吟。可偏偏就在此时，一枝牡丹迎风而立，燃烧起怒放的生命。她宛若一个妙龄女子，身着一袭红裙，在阳光下翩翩起舞，鲜艳耀眼，美艳无双。"向我依然"四字则写出了牡丹旁若无人地开放，随心所欲地舒展，表达了词人对美好生命热情的赞颂，不愧为"独立人间第一香"。

常言道："花无百日红，人无再少年。"苏轼看到的不仅是迟开的花，还有两鬓苍苍的自己。此时的苏轼已近不惑之年，对时光的变迁、人生的无常已有了更深的感触。

这首词表面上是咏牡丹，实则是叹自己。苏轼在密州并不真正开心，他思亡妻、想舍弟，望故乡却不能归，恋京城却不能回，终日在这寒意迷蒙的北方忍受饥荒之苦，心中也弥漫了淡淡的幽怨，就像那漫天飞舞的杨花，随风而起，难以平息。

可是，当他看到这鲜艳如火的牡丹迎风绽放时，心中又燃起了希望之火。他渴望得到朝廷重用，宛如这牡丹一样，花开时节动京城。

02 萍水相逢

苏轼在凤翔府当通判时，与陈公弼的儿子陈慥结为好友。小陈作为一名堂堂的官二代，性情则和老陈截然不同，他的身上散发着一股江湖侠义气。年少时他就喜欢骑马射箭，笑傲江湖；长大后又放弃功名荣华，跑到黄州这么偏僻的地方隐居，果然是一个性情中人。

二人在黄州重逢，甚是欢喜。苏轼怕连累朋友，很少主动讨扰；而陈慥却无所顾忌，七次主动上门与苏轼把酒言欢，大声谈笑，让东坡先生十分感动。

陈慥的好朋友王先生，弃官归隐黄州已经有三十三年了。听说陈慥要去江南，特来送行。苏轼也素闻这位王先生的大名，二人相见恨晚，特意为他写了一首词以作纪念。

满庭芳

苏轼

有王长官者，弃官黄州三十三年，黄人谓之王先生。因送陈慥来过余，因为赋此。

三十三年，今谁存者？算只君与长江。凛然苍桧，霜干苦难双。闻道司州古县，云溪上、竹坞松窗。江南岸，不因送子，宁肯过吾邦？

摐摐，疏雨过，风林舞破，烟盖云幢。愿持此邀君，一饮空缸。居士先生老矣，真梦里、相对残釭。歌声断，行人未起，船鼓已逢逢。

人生七十古来稀，三十三年几乎就是人生的一半。而王先生却将半生为官的机会白白舍弃，这种淡泊名利的精神，可以和大江大河同行不朽。

松与竹既是"岁寒三友"，又列于"花中四君子"，苏轼用"凛然苍桧，霜干苦难双"来赞颂王先生如松柏一样凌霜斗雪、高洁傲岸的气质，又用竹子来衬托他正直有节的情操，进一步赞颂了他的美好品行。

苏轼和王先生在性情上有许多相似之处，二人相见不易，是巧合也是缘分，更是天意。

雨声锵锵，呼啸而过，林中风舞，屋前云遮。苏轼举杯与友人送别，二人一饮而尽，让人不由得又想起"劝君更尽一杯酒，西出阳关无故人"的画面。相遇即相别，苏轼望着王先生一脸无奈地笑，却笑出了两行春水。

王先生与苏轼虽然结识时间并不长，但也久闻东坡先生的大名，今日一见，果然与众不同，二人惺惺相惜，相见恨晚。他们纵声谈笑，欢饮达旦，希望时间能过得慢一点儿，再慢一点儿。

第二天清晨，当许多人还在梦乡中酣睡时，船鼓已逄逄作响。苏轼和友人站在渡口，匆匆而聚，匆匆而别。没有泪千行，心生无限悲。

人生总是会有许多躲不开的遗憾，可正因如此，这萍水相逢的友情才更显弥足珍贵。

03　此曲只应天上有

1085 年，苏轼从汝州赶往登州上任，路上正好与从藤州归来的好友赵晦之相遇。

赵晦之名昶，是魏悼王赵廷美（宋太祖赵匡胤的弟弟）之后，妥妥的皇家宗室。但他的仕途并不顺利，多次被贬至偏远之地做小吏。而他却无所谓，也从不抱怨，无论在何地都能随遇而安，自得其乐。

苏轼与赵晦之是多年志同道合的好友，曾为他写过不少诗文，例如《减字木兰花·送东武令赵晦之》《菩萨蛮·回文》等等，可见二人之间深厚的友情可以跨越千山万水。

水龙吟·赠赵晦之吹笛侍儿

苏轼

楚山修竹如云，异材秀出千林表。龙须半翦，凤膺微涨，玉肌匀绕。木落淮南，雨晴云梦，月明风袅。自中郎不见，桓伊去后，知孤负、秋多少。

闻道岭南太守，后堂深、绿珠娇小。绮窗学弄，梁州初遍，霓裳未了。嚼徵含宫，泛商流羽，一声云杪。为使君洗尽，蛮风瘴雨，作霜天晓。

楚山生翠竹，如彩云叠起；秀而颀，可顶天立地；细若龙须，美若玉肌。用此竹制出的笛子声音婉转清亮，似云梦初开，皓月千里。

一天，苏轼去朋友赵晦之家做客，忽然听到一阵奇妙的笛声，如泣如诉。苏轼循声寻去，看见一个身材玲珑、貌美如花的女子，正在雕花窗棂下倾情演奏，她仙袂飘飘，明眸善睐，手如柔荑，肤若凝脂，宛若从画中走出的美人。

而比美貌更迷人的是她的笛声，别样销魂。一曲《梁州》刚刚结束，另一支《霓裳羽衣曲》又缓缓升起。风中飘舞着宫商徵羽的回音，如佩环玲玲，似山泉淙淙，清脆悠扬，空灵幽幻。最后高音升入天际，在云端轻舞飞扬……

清风袅袅，明月皎皎，天籁之音，让人陶醉。只可惜，这样美妙的音乐在世间越来越稀少，苏轼不由得发出了"此曲只应天上有，人间能得几回闻"的感叹。

侍女的笛声如山泉泪泪让人神清气爽，但比笛声更可贵的是她那颗水晶般纯真善良的心灵。赵晦之刚从瘴气毒雾肆虐的岭南归来，侍女看着他瘦弱的样子十分心疼，于是又献上一曲《霜天晓角》，希望能借笛声为赵大人洗净身上的污浊之气，也祝福他余生清爽优游，自在开怀。

竹是"花中四君子"之一，也是历代文人墨客描摹歌颂的对象。南朝梁刘孝先曾写下了"无人赏高节，徒自抱贞心"的千古名句，清代郑板桥也留下了"千磨万击还坚劲，任尔东西南北风"的不朽诗行。苏轼爱竹，更爱咏竹。他的这首词表面上是赞叹侍女笛声的美妙，实则是借物喻人，以竹子坚韧不拔的精神来比喻朋友一身的浩然正气和宁折不弯的骨气。经历了太多的宦海沉浮，赵晦之仍能保持波澜不惊、宠辱偕忘的心态，让苏轼敬佩和惭愧不已，故作此词表达对老友的钦佩和赞叹之情。

后人对此词也有很高的评价，明代卓人月曾在《古今词统》中称赞道："百余字，堪与马融《长笛赋》抗衡。"

第四章
多情总被无情恼

01　小荷姑娘

苏轼有个得意门生名叫秦观，他没有继承豪放派的衣钵，走的却是婉约路线，成为北宋著名的情歌小王子。

这一天，苏轼看着秦观新作的诗词笑言："山抹微云秦学士，露花倒影柳屯田。小秦同学堪称后起之秀，可与柳三变比肩啊！"

秦观听罢受宠若惊，满脸通红地说："恩师莫要言笑，秦观愧不敢当，您写的婉约词才是一绝。"

苏轼虽以豪放派著称，但他写的婉约词的确别出心裁，不容小觑。他笔下的女子美若飘花，柔如拂柳，梦似云霞，情似金钿，让人一见倾心，念念不忘。

阮郎归·初夏
苏轼

绿槐高柳咽新蝉，薰风初入弦。碧纱窗下水沉烟，棋声惊昼眠。
微雨过，小荷翻，榴花开欲然。玉盆纤手弄清泉，琼珠碎却圆。

绿槐与高柳并肩而立，洒下一片浓荫。蝉声上下，此起彼伏，即使无人喝彩，也热情不减，初夏音乐会的帷幕正式拉起。

窗外热闹非凡，而闺房内却是一片幽静，碧纱如织，沉香袅袅。美丽的少女正躺在榻上小憩，却不知哪里传来的下棋声，将她的一帘春梦吵醒。

少女并不因为美梦被打扰而心生懊恼，而是来到院中高高兴兴地欣赏夏日风光。新雨过后，空气中都散发着淡淡的荷叶的清香，沁人心脾。清风把小荷的衣裙吹得翻转过来，露出粉嫩的皮肤，更显娇艳动人。而"石榴姐"也不甘示弱，在一旁舞动火红的裙摆，与粉红的荷花同台竞技，别样惊艳。

看着看着，少女也对这出水芙蓉产生了浓厚的兴趣，采一片莲叶做玉盆，让清清的泉水从上面滴落，纤纤玉手轻轻地拨弄那圆润的水珠，顿时飞花四溅，如珍珠散落。她的笑声在庭院中回荡，和水花飞扬的声音交织在一起，如鸣佩环……

苏轼是个很细心的词人，善于观察和想象。他笔下的这个小姑娘，与一般的闺中丽人截然不同，她没有爱而不得的幽怨，没有思而不见的烦恼，而是像春天一样可爱，像泉水一样活泼，像荷花一样美丽，像清风一样纯净，尽显少女的青春蓬勃，欢乐自在。

02 无情人

苏轼在黄州能过得比较舒坦，要感谢当地太守徐君猷对他的善待。徐太守敬佩和欣赏苏轼的人品与才华，并不把他当作一个罪官看待，处处为他着想，还常设宴请苏轼同吃同醉，苏轼也写了许多诗词送给这个患难之交，二人深厚的友情坚如磐石。

1083 年秋，徐君猷任期已满，即将离开黄州去湖南任职。苏轼不仅作《醉蓬莱·重九上君猷》以示不舍，还将他们常坐客的亭子取名"遗爱亭"，并作《遗爱亭记》来记述好友的美德和功绩。

徐君猷家养了三名年轻貌美的歌女，其中最动人的还要数胜之。苏轼第一次见到她，就被她的才貌绝伦吸引，作《减字木兰花·胜之》来赞颂其美若天仙："双鬟绿坠，娇眼横波眉黛翠。妙舞蹁跹，掌上身轻意态妍。"

但此次远行，胜之并没有陪徐君猷一同前往，而是留在了黄州，后来又嫁给了姑熟（今安徽当涂县）大户人家的儿子张恕。万万没想到，刚分开几个月，徐君猷就倒在新的工作岗位上再也没有醒来，苏轼闻讯后悲痛万分，连写祭文与挽词以示哀悼。

第二年七月，苏轼也离开了黄州改任汝州，路过姑熟时再见胜之，想起已故老友徐君猷不禁泪流满面，孰料胜之竟失态无情，让东坡很是遗憾。

西江月

苏轼

姑熟再见胜之，次前韵。

别梦已随流水，泪巾犹裛香泉。相如依旧是臞仙。人在瑶台阆苑。
花雾萦风缥缈，歌珠滴水清圆。蛾眉新作十分妍。走马归来便面。

"问君能有几多愁？恰似一江春水向东流。"苏轼也效仿李后主，将徐君猷与胜之二人的离别比作这潺潺的流水，难以阻挡，只能泪洒衣衫。

当年，徐君猷也曾和司马相如一样风度翩翩，与胜之郎才女貌，别样恩爱，堪称"神仙伴侣"。二人虽然情深缘浅，但胜之后来的变化与无情让人备感心寒。

胜之如花似玉，美若天仙，歌声缥缈，舞姿如燕，是个才貌双全的佳人，难怪会受到徐太守的钟爱。然而分离时隔不到一年，她就嫁作他人妇。新画的眉毛又细又黑，如三月的柳叶；娇红的小嘴，似成熟的樱桃，似乎比过去更加楚楚动人。

可是当她看见苏轼时，就像遇到陌生人一样，面无表情，也无话语，就这样默默地擦肩而过，让苏轼备感失落与感伤。

苏轼看着眼前的旧人，想起已故的老友，心中也是五味杂陈。胜之不与他相认，或许是不想提及往事，让自己伤心；或者是愧对徐太守，无颜面对；或许是早已变了心，不再惦念旧情……

都说女人心，海底针。苏轼猜不透胜之心中所想，只能独自为老友感到惋惜，他在风中久久地站立，思念感怀之情犹如这滔滔江水，绵绵不绝……

03　天涯何处无芳草

最美人间四月天，是一寸一寸的日暖，一树一树的花开，一声一声的燕语呢喃。

和煦的春风中，一个男子信步而行，走过村庄，路过陂塘，漫步暖阳下，欣赏着桃花红、李花白、菜花黄。

走着走着，他忽然听到一户人家的院内传来佳人们的欢笑声："高一点儿，再高一点儿！""我荡得比你高，哈哈！"原来是女孩子们在院中荡秋千，银铃般的笑声被风儿捎到了墙外，引得他轻轻靠近，驻足聆听，很快就被这一片欢声笑语陶醉。

蝶恋花·春景

苏轼

花褪残红青杏小。燕子飞时，绿水人家绕。枝上柳绵吹又少，天涯何处无芳草！

墙里秋千墙外道。墙外行人，墙里佳人笑。笑渐不闻声渐悄，多情却被无情恼。

落英缤纷，燕羽斜飞，绿水淙淙，茅屋隐隐。春光乍现，如画卷初展，让人难以抗拒。

柳絮被春风吹得越来越少，星星点点飘落四方。但不必感伤，春回大地，万象更新，天涯路远，哪里又能没有芳草呢？

墙内的佳人不知外面有陌生男子存在，所以尽情地玩耍和说笑着；而墙外的男子，独立在春风中，虽然看不到佳人们的笑脸，但脑海中还是会想象着她们活泼可爱的身影，忘却了时间，也忘却了烦恼，更忘却了自己。

墙里和墙外是两个截然不同的世界，一个是热闹的、欢愉的，一个是安静的、孤独的。鲜明的对比中，更突出墙外男子的孤独和落寞。

当佳人们散去，欢笑声也随风而逝，墙外的男子却还痴痴地站在风中，陶醉于她们的欢声笑语，想象着她们柔美的样子，开心的笑脸，难以自拔，恋恋不舍，暗自慨叹："多情却被无情恼！"

苏轼用两组镜头同时拍摄墙内和墙外的人，一个"无情"，一个"多情"。而后又将镜头摇向男子来个大大的特写，看他那一脸的无奈，满心的失落不言而喻。

然而这失落的男子，又何尝不是苏轼的内心写照？

春光易逝，代表着年华易老。而"天涯何处无芳草"则是仕途不顺的苏轼的自我安慰。然而，就在他想归隐、躺平、放任自由时，偏偏又听到了墙内女子的欢笑，将他心中即将熄灭的小火苗又轻轻吹亮，无尽的幻想又充斥着大脑，他不能就这样认输和放弃。

然而现实总是那么残酷，女子们根本不知他的存在，更谈不上读懂他的心思和愁苦。就像那朝堂上的君主，将其放任天涯后就不闻不问，只留给他一片寂寞。单相思的苏轼，在欢笑声散尽后也只能无奈地转身离去，心中暗自埋怨道："多情却被无情恼！"

苏轼一生流离，遇到过芳草，也忍受过荒芜。痴情过也伤心过，多情过也烦恼过。这首词是他婉约词的代表作，更是映射东坡先生复杂心绪的一面镜子。只不过，能真正读懂它的人太少了！

天涯何处无芳草，知心又能有几人？自古多情空余恨，此恨绵绵山际云。

第五章
虚檐转月，余韵尚悠扬

01　海棠美人

苏轼即将离开黄州之时，许多好友为其送行，宴会上觥筹交错，歌舞升平，大家尽量用欢声笑语来冲淡这离别的哀愁。苏轼也与人们推杯换盏，且觞且咏。

这时，一个身着粉红衣裙的女子飘飘下拜："小女子李琪见过苏大人，奴家仰慕大人已久，斗胆请您赠诗一首，不知大人可否应允。"

苏轼上下打量着这个女孩，她年纪不大，身材偏瘦，脸如桃花，眼似秋月，似曾相识又很陌生。因为平日所遇的歌伎众多，一个个都美艳绝伦，李琪才貌并不出众，所以苏轼对她印象并不深。而今近距离观瞧，才发现她的玲珑可爱之处，苏轼笑了笑，端起酒杯站起身来，众宾客知道苏大才子又要现场作诗，立即都安静下来。

赠李琪
苏轼

东坡五载黄州住，何事无言及李琪。
恰似西川杜工部，海棠虽好不留诗。

皎洁的月光透过雕花的窗棂，也步入室内静静地聆听。李琪的小脸有些微红，长长的睫毛轻轻眨动，急切地等待苏轼开口。苏轼却不慌不忙，抿了一口酒，慢慢地吐出两句："东坡五载黄州住，何事无言及李琪。"

李琪一听，脸涨得通红，低下了头不知所措，心想："苏大人啊苏大人，我虽是个普通的歌女，但你也不能这样当众羞辱我啊！"

旁边的人也在偷偷地笑，心中暗想：李琪默默无闻，苏东坡这两句诗真的和她很配啊！

苏轼看着众人不解的表情，哈哈一笑，又大声念道："恰似西川杜工部，海棠虽好不留诗。"说着将杯中的酒一饮而尽，李琪的脸上早已飞出两朵红云。

在场的嘉宾一听，都拍案叫绝："好诗，妙哉！这最后两句果然是神来之笔！"

杜甫在成都生活那么多年，却没有为海棠写过一首赞美诗，因为他一直都认为自己的文笔写不出海棠的神韵，所以迟迟不敢动笔。苏轼把自己比作杜工部，把李琪比作海棠花，用欲扬先抑的手法，别出心裁地把李琪美美地夸耀了一番，让小姑娘顿时感动得满脸梨花春带雨。

据说苏轼离开黄州后，李琪凭此诗大火。不少人都慕名而来，只为一睹这位"海棠美人"的芳容。她再也不是歌舞团的小透明，而是当红花旦，身价翻了数倍，而这都要感谢东坡先生为她私人定制的赞美诗啊！

02　烟花易冷

李琪的故事是民间传说，真假难以考据，但是苏轼的确与一歌伎成为知己，并用一句笑言改变了她的一生，这个女子就是杭州名妓琴操。

琴操本是大家闺秀，才貌过人。十三岁那年天降横祸，在朝廷为官的父亲因惹上了官司而身陷囹圄，全家被抄，母亲情急之下抱病而亡，可怜的小琴操一夜之间成了孤儿，被遣送到杭州沦为卖唱的歌女。

琴操苦练琴艺，坚守贞操。16 岁那年，她因改唱情歌小王子秦观的《满庭芳》而成了杭州歌舞圈的当红一姐，有缘与苏东坡相识，并对其一见倾心。苏轼也很喜欢这个才貌过人的女孩子，但身边已有妻妾，而自己又身世浮沉不定，于是就把这份情深深埋在心中，只将她视为红颜知己，让琴操爱了个寂寞。

在宋人编的《泊宅编》中，曾记载着这样一个故事，耐人寻味。

一天，苏轼和琴操一边泛舟西湖，一边参禅。

苏轼问："何谓湖中景？"

琴操用王勃《滕王阁序》中的名句回应："落霞与孤鹜齐飞，秋水共长天一色。"

苏轼笑着一拂长髯，又问："那何谓景中人？"

琴操想了想，又引唐人诗句作答："裙拖六幅湘江水，鬓耸巫山一段云。"

苏轼再问："那什么样的人才能成为你的意中人呢？"

琴操看着苏轼，幽幽说道："随他杨学士，鳖杀鲍参军。"

听到琴操谈及自己的意中人要比杨学士、鲍参军这样的名士还要强，苏轼点了点头，笑问道："如果遇到这样的良人，你又将如何呢？"

琴操红着脸，咬着嘴唇，却不再回应。

苏轼则半个玩笑地替她作答："门前冷落车马稀，老大嫁作商人妇。"

琴操听罢，眼泪顿时流了下来。心中暗想：苏轼啊苏轼，我的心难道你还不明白吗？为何你可以纳十二岁的王朝云为妾，就不能娶十六岁的琴操为妻？我一直守身如玉，只为等到一个如意郎君。好不容易遇到你这么个蓝颜知己，虽然你已年过半百，但我们仍是心有灵犀，为什么不能在一起？

苏轼见她哭了，忙拿出手帕为她擦拭眼泪，柔声安慰道："牡丹再美，犹有落时，你这么年轻，不如早日择个良人嫁了，我这样劝你也是为你好！"

琴操听罢心灰意冷，哭着说："大人一席话，点醒梦中人。琴操不想嫁给商人妇，也不愿总调琵琶音，唯愿一盏青灯伴黄卷，一心念佛断红尘。"

苏轼脸色一变:"你这又是何必呢?我只是和你开个玩笑而已!"

"我是认真的!"琴操上岸后,再也没有回头。

从此,杭州城少了一个琵琶女,多了一个苦行尼。

在《东坡笔记》中记载,琴操削发为尼后,在杭州玲珑山别院修行。苏轼和佛印等好友也曾上山去看她,并劝她早日还俗。然而琴操心如死灰,誓绝紫陌,苏轼等人也只好作罢。夜色中,苏轼一个人喝着闷酒,想着琴操,心中也是一片怅然。

琴操虽然剪了头发,读了佛经,但仍对苏轼心心念念。既然不能与之比翼齐飞,那就独守青山为君焚香祈福。

烟花易冷,痴心难变,琴操在空门中枯守一圈又一圈的年轮,等来的不是熟悉的身影,却是一本又一本的情债,一夜又一夜的泪痕。

当她听说苏轼被贬到了蛮烟瘴雨的儋州,百感交集,心忧成魔,不久后就香消玉殒,芳龄只有二十四岁。

苏轼闻讯泪如雨下,当年一句玩笑,让这个妙龄女子出了家;而今又因为自己,让她彻底送了命。东坡真是太愧对这个红颜知己!

虽然我们没有看到一首苏轼专门写给琴操的诗词流传下来,但有一些情话,与其说出不如藏在心里,懂你的人不言而喻……

03　莫笑我是多情种

苏轼的仕途大起大落,人到中年又峰回路转。当他再度回归京城后,常与好友等人相聚驸马府,写诗作画,饮酒听曲,世称"西园雅集"。

这一天,苏轼在宴会上遇到一个绝色歌女,颇有当年朝云的味道,而论歌声似乎更胜一筹。苏轼对其赞叹不已,特意为其作词一首。

满庭芳

苏轼

香叆雕盘，寒生冰箸，画堂别是风光。主人情重，开宴出红妆。腻玉圆搓素颈，藕丝嫩、新织仙裳。双歌罢，虚檐转月，余韵尚悠扬。

人间，何处有，司空见惯，应谓寻常。坐中有狂客，恼乱愁肠。报道金钗坠也，十指露、春笋纤长。亲曾见，全胜宋玉，想像赋高唐。

园中亭台楼榭，室内金碧辉煌，驸马府果然富丽堂皇，气派非凡。禅烟缭绕，寒气蒸腾，为厅堂又添了几抹雅香。主人盛情款待，美酒佳肴，玉盘珍馐，高朋满座，热闹非凡。

忽有客人笑问："这么隆重的晚宴，怎能没有歌舞助兴？"

主人笑着一挥手，几个美丽的女子抱着乐器低头走入，坐在椅子上转动玉指，管弦齐鸣，又一个女子缓步来到中央，美妙的歌声也随之而起。

唱歌的女孩秀发如云，金钿斜插，皮肤雪白，玉臂如藕，脸蛋如凝脂，朱唇赛樱桃，身着一件多彩斑斓的长裙，就像从吴道子画中走出的仙子一样，把在场的每一个人都迷住了。

而她的歌声更加美妙绝伦，如凤凰鸣唱，似百灵飞歌，余音袅袅，伴随着窗外的月儿，穿过高翘的房檐，回荡在青云之上……

一向坐怀不乱的苏轼，竟然也为其意乱情迷了，大声地喝彩与鼓掌，似乎又要聊发少年狂。

女孩子一曲唱罢，却故意躲开苏轼那火热的眼神。"哎呀！不好，我的金钗不见了！"她的一声惊呼，惹得众人都低头弯腰帮她寻找。当她挽起衣袖，露出春笋一样又细又长的手指时，苏轼心中暗想：这可是我亲眼所见，真的比《高唐赋》里宋玉想象的巫山神女还要漂亮！

自惜风流云雨散，关山有限情无限。

苏轼是一个洒脱的人，也是一个多情的人。在他的词中，我们可以看到他对美女的爱怜之意，但又仅止于言语和眼神，没有造次之举。爱美之心，人皆有之，苏轼也是一个凡人，有七情六欲，懂儿女情长。但在酒宴上，他与众歌伎更多的是逢场作戏，而不是到处拈花惹草，更不会真的处处留情。

苏轼也曾纳过几个小妾，但在去岭南惠州之前都一一遣散，只带朝云一人前往。有些人，只能同甘，不能共苦；有的人，常驻心中，无可替代；更多的人，只是匆匆过客，徒留一段美好的回忆罢了……

卷八　人生智慧——俯仰人间今古

万事到头都是梦，休休，怎堪回首？

将时光煮成一盏香茗，吹去名利的浮沫，

留下清欢的乳花，俯仰今古，淡品人生。

第一章
只缘身在此山中

01　若言琴上有琴声

　　元丰四年（1081），苏轼在黄州过着苦行僧一样的生活，空闲之余则饮酒、读书、写诗、会友，每日也是自得其乐。

　　这一天，武昌主簿吴亮采路过黄州，特意登门拜访，还带来了自己的好友沈君和高斋先生写的文章，与苏轼一同欣赏。

　　苏轼并不认识沈君，但是读了他为"十二琴"作的说后，如见其人，如闻其琴声，料定此人必志趣高洁，见解独到，非等闲之辈。

　　苏轼曾与高斋先生同游过，还见过他珍藏的一把古琴，虽然没有落款，也没有铭文，甚至不知它的来历和名字，但是听琴声，看琴木，也可以猜测出那是一把"宝琴"。

　　既然都是爱琴之人，必有许多共同语言，苏轼希望沈、高二人有机会能同赏十二琴，一定会互为知音的。

　　苏轼也喜欢抚琴与听琴，看沈君写的《琴铭》后心有所动，于是也提笔写了首《琴诗》，别有一番哲理在里面。

琴　诗

苏轼

　　武昌主簿吴亮君采，携其友人沈君十二琴之说，与高斋先生空同子之文、太平之颂以示予。予不识沈君，而读其书，乃得其义趣，如见其人，如闻其十二琴之声。予昔从高斋先生游，尝见其宝一琴，无铭无识，不知其何代物也。请以告二子，使从先生求观之此十二琴者，待其琴而后和。元丰六年闰六月。

　若言琴上有琴声，放在匣中何不鸣？

　若言声在指头上，何不于君指上听？

琴声究竟从何而来？

如果琴声来源于琴，那么为什么把琴放入匣中它就不响了？如果说琴声来自手指，为什么不在手上听琴声呢？

苏轼没有给出答案，却让人们陷入深深的思考之中。

只有琴师没有好琴，犹如巧妇难为无米之炊，声音没有根源无从响起；只有良琴没人弹拨，它也只能沉默是金，难以唱响天籁之音。所以，要想听到美妙的音乐，琴与人缺一不可，而且还要相互配合，才能弹奏出华美乐章。

诗中哲理不言而喻：事物之间是相互依存、不可分割的。

表面上来看，这首诗近似大白话，更像打油诗，没有什么文采可言。但细品，细细品，却发觉别有哲思，耐人寻味。

难怪清代大学士纪晓岚点评此诗："此随手写四句，本不是诗，搜辑者强收入集，千古诗集，有此体否？"既指出了此诗的特立独行，千年无双，又体现出苏轼的思维奇特，智慧超群。

02　庐山真面目

元丰七年（1084），苏轼从黄州又迁到汝州，途中曾与好友参寥一同游览庐山，写下了大量的山水诗词游记，其中最有名也最有深意的还是数这一首《题西林壁》。

题西林壁

苏轼

横看成岭侧成峰，远近高低各不同。

不识庐山真面目，只缘身在此山中。

从不同的视角看庐山，山势连绵起伏，形态各异，变化万千，让人不得不佩服大自然的鬼斧神工。

那么问题来了，为什么我们难以识别庐山的本来面目呢？

苏轼对此提出了自己的理解：因为我们身处山中，看不到全貌啊！

言外之意，我们只有客观、全面地看待事物，才能了解它的全景与真相，颇有"当局者迷，旁观者清"的人生哲理。

生活中，我们常常站在主观、片面的角度去看待人、事、物，有时还会戴着"有色眼镜"随意曲解，宛若坐井观天的小青蛙，不知天高地阔，还总自以为是。

而这首诗没有居高临下地给我们讲大道理，而是根据生活中爬山的真实感受来悟出人生智慧，质朴无华，含蓄蕴藉，寓理于景，耐人琢磨。

03　人间何处不巉岩

1094年，苏轼被贬岭南，一路上跋山涉水，道阻且跻。当他们的船经过安徽当涂慈湖夹时，遇到了狂风拦路，只好泊船休息。苏轼触景生情，连作五首小诗一吐为快。

慈湖夹阻风五首

苏轼

其一

捍索椓竿立啸空，篙师酣寝浪花中。

故应菅蒯知心腹，弱缆能争万里风。

其二

此生归路愈茫然，无数青山水拍天。

犹有小船来卖饼，喜闻墟落在山前。

其三

我行都是退之诗，真有人家水半扉。

千顷桑麻在船底，空余石发挂鱼衣。

其四

日轮亭午汗珠融，谁识南讹长养功。

暴雨过云聊一快，未妨明月却当空。
其五
卧看落月横千丈，起唤清风得半帆。
且并水村欹侧过，人间何处不巉岩。

第一首诗赞颂了船夫的镇定自若。

虽然外面风在吼，浪在叫，江水在咆哮，可船夫却鼾声如雷，睡得相当安稳，这一动一静形成鲜明的对比，表现出船夫的安之若素、自信满满。

"故应菅蒯知心腹，弱缆能争万里风"是对船夫内心从容的赞美。他们天天风里来、浪里往，身经百战，经验丰富，就像开车几十年的老司机一样，临危不乱，稳如磐石。"弱缆"看似柔弱，难以与长风对抗，实则是以柔克刚，以不变应万变，反倒让长风无可奈何，尽显出船家知舍取、懂进退的大智慧。

第二首写的是苏轼站在船头看到的景象。

远远望去，叠叠青山，云海光宽，苏轼触景生情，想着自己这一生四处漂泊，茫然无所依，心中不免又多了几许失落和悲凉。然而就在苏轼感叹之际，忽然闻到一股扑鼻的香气，原来是有人划着小舟过来卖饼。苏轼忍不住也买了几个，一打听不远处还有村落，心中不觉又生出几分欢喜。

苏轼不仅是个"吃货"，更是一个随遇而安的人。他会在生活中处处播种快乐的种子，然后让它在自己的心里生根、发芽、开花，变成欢乐的诗句，慰藉自己，温暖他人。

第三首写了船行之后的所见所闻。

小船终于可以前行了，而所见景象却与往日不同。风浪来袭，许多田地和房屋都被江水淹没了，就像韩愈在《贞女峡》中写的那样："悬流轰轰射水府，一泻百里翻云涛。漂船摆石万瓦裂，咫尺性命轻鸿毛。"岸上虽有人家，却看不见一个人影，只有石头上挂着的渔人的蓑衣，早已被浪花湿透。

表面上诗人并不动声色，内心却早已风起浪涌。他看着良田尽淹、房屋进水，不禁又触发了忧民之情。虽然没有在诗中直接表露，但我们仍可以通过文字，看到一张阴云密布的脸、一颗悲天悯人的心。

第四首诗则将镜头聚焦在农田里的百姓身上。

正午时分，烈日炎炎，而农民们还在田里忙碌不停，汗流浃背，让人不禁又想起"锄禾日当午，汗滴禾下土"的情景。苏轼见了好生同情与心疼，于是许下"暴雨过云聊一快，未妨明月却当空"的心愿，希望能痛痛快快下一场雨，给人们带来一片清凉。但是这雨也不要下太久，速来速散。夜幕降临，星空无尘，月色如银，还可以照亮人们归家的路。

最有名的还要数第五首，写出了苏轼对人生多磨难的感悟。

夜色沉沉，好风如水。苏轼卧在船上，看着明月如霜，不知不觉，一夜无眠。晨风似号角般呜呜吹响，船只升起半帆，向着远方再出发。然而江水性情不定，有时很安静，乖乖地像个绣花的少女；有时也很淘气，似与游船相戏；有时还会生气，掀起惊涛骇浪，发泄心中的不如意。

苏轼乘坐的船只进入了险滩地带，沿着临江的村庄，斜着船身小心翼翼地驶过，好不容易才到了安全地带。船上的人们都长出了一口气，可苏轼却淡然一笑："人间何处不巉岩。"

人生海海，山山而川，不过尔尔。

苦难是人生的常态，难道会因为前方有疾风狂浪就永远停止不前？

敢于乘风破浪，方可纵横四海！

这五首诗以船的行踪为线索，移步换景，前后呼应。透过诗词，我们不仅看到了东坡先生身处逆境仍能豁然处之的博大胸襟，也看到了他不同的"表情包"，有担忧、茫然、欣喜，也有无奈，而后又变得释然、洒脱，最后化作一张月光般明媚的笑脸。

诗词可状景、咏物、抒情，亦可说理。苏轼笔下，既有"水风清，晚霞明"的柔美，又有"天涯流落思无穷"的感怀，还有"人有悲欢离合，月有阴晴圆缺，此事古难全"的思索。

古人看山看水有三重境界，东坡先生观察事物也有不同见解。人就像是一根会思考的芦苇，用心揣摩和领悟，自有收获，别有理趣。

第二章
蜗角虚名，蝇头微利

01　争也没用

太史公曾在《史记》中说："天下熙熙，皆为利来；天下攘攘，皆为利往。"

很多人一生为名利所累，处心积虑，机关算尽，最终繁华消散，一片落寞。

苏轼这一生可真是没有白活，风光过，也落魄过，百年第一得过，御史台大狱坐过，生离死别一一品尝，成败得失样样体验过。经历得多了，凡事也就看得淡了；胸怀变宽了，天地自然也就高远了。

满庭芳
苏轼

蜗角虚名，蝇头微利，算来著甚干忙。事皆前定，谁弱又谁强。且趁闲身未老，须放我、些子疏狂。百年里，浑教是醉，三万六千场。

思量。能几许，忧愁风雨，一半相妨。又何须，抵死说短论长。幸对清风皓月，苔茵展、云幕高张。江南好，千钟美酒，一曲满庭芳。

黄庭坚曾评价恩师东坡先生"嬉笑怒骂，皆成文章"，夸赞苏轼的文章犹如天成。而这首《满庭芳》就是苏轼经过人生的大起大落之后所作，议论与抒情相结合，让讽刺与不满跃然纸上，流露出苏轼的真性情。

虚浮的名声就像小小的蜗牛角，微小的利益恰似蝇头小利，有什么可值得争的？而且还要争个头破血流，你死我活，不累吗？

万事皆有因果，不必强求。得之你幸，不得你命，顺其自然，争也没用！

与其争名逐利，不如放飞自我，好好潇洒快活。

这一点，苏轼特佩服李白，所以他也吼出了"行乐须及春，诗酒趁年华"的豪放宣言。

人生百年，风雨莫测，而苏轼更是半世风雨，一生飘零。

一切都是浮云！大半辈子都过去了，还计较那些孰是孰非、谁对谁错干吗？一切都是最好的安排，过去的就让它过去吧！

时间是最好的解药，释然是自愈的良方。

此时的苏轼，更喜欢以青苔为席，以白云为帐，沐清风流水，望明月梳妆。身心与天地万物融为一体，飘飘若仙人。

赏美景，品美酒，写诗作词，对月高歌。苏轼羡慕酒仙，所以也渴望能像李白一样纵情天地，神游太空，不醉不归。

他的内心有太多的委屈和苦楚，酒是他的知己，可以解千愁，也可以疗其心痛。所以苏轼的词中有酒有梦有遗憾，有醉有月有向往。但他并不是个消极、摆烂的酒鬼，更不会因此而迷失自我。饮酒只是表象，是自愈的过程，酣畅淋漓的大醉之后，他又面对沧海一声笑，挥手向天涯。

02　春梦了无痕

"流光容易把人抛，红了樱桃，绿了芭蕉。"转瞬间苏轼已在黄州生活两年了，他化身峨冠竹杖的东坡先生，和朋友们一起纵情山水间，共享"久在樊笼里、复得返自然"的轻松与快乐。

元丰五年（1082）正月二十日，苏轼和两个朋友一起出城游玩，想起一年前他也曾路过这里，并写下诗词为念，不由得淡淡一笑，又随口吟诗相和。

正月二十日与潘郭二生出郊寻春
忽记去年是日同至女王城作诗乃和前韵

苏轼

东风未肯入东门，走马还寻去岁村。

人似秋鸿来有信，事如春梦了无痕。

江城白酒三杯酽，野老苍颜一笑温。

已约年年为此会，故人不用赋招魂。

春风料峭，乍暖还寒，幸好身边有潘大临、郭遘两个好友相伴，苏轼的胸膛中仿佛生了一个小火炉，帮他驱散一路的寒意。

三个人骑着马向郊外驰去，路过女王城时，潘大临笑着说："二位老友，你们是否还记得去年的今天，我们也曾从此城路过？"

郭遘哈哈大笑："当然记得，去年同行的还有古耕道，当时东坡先生要去歧亭看陈慥，我们三人将他送到了这城东的禅院，先生还曾赋诗一首呢！"

苏轼也勒马停住，回首城门："是啊，没想到时隔一年，我们三人又能同日故地重游，真像是大梦一场啊！"

小草尚未萌芽，远远望去还是一片枯黄；但碧空如洗，几只飞鸟从头顶掠过。三人纵马向前，去寻找去年游玩过的乡村。

苏轼看着熟悉的房屋轻声叹道："人啊就像是那秋天的大雁，来来往往都会留下一些音信。可往事无声，就像是春梦一场，半点儿痕迹也没留下啊！"

郭遘则在一边劝慰道："先生不必感伤，过去的就让它过去吧！我们还去江边的那家小酒馆怎么样？它家的酒真的很不错，我到现在都没有忘记它的味道呢！"

苏轼三人纵马来到小酒馆，卖酒的老掌柜也认出了他们，热情地迎了过来："东坡先生，您来了！快，里面请！"

看着那朴实的笑容，品着那醇香的美酒，苏轼的心中也别样温暖，他举起酒杯对两位朋友说："我们约好了，以后每年春天，都要到此地踏青，并一定要来这家店喝酒啊！"

潘、郭二人举杯同意，并希望以后也能约上陈慥、古耕道等

卷八　人生智慧——俯仰人间今古

人，大家一起赏春光、喝美酒，不醉不归！

乌台诗案曾给苏轼的内心留下了难以驱散的阴影，他希望自己能早日从阴影中走出，所以才会和朋友们去郊外散心，并慨叹"春梦了无痕"。

休言万事转头空，未转头时皆是梦。既然人生如梦，那么就不必太较真。与其执迷于过去的痛苦，不如及时放下，早日解脱，才能获得更多的自在与快活。

回首向来萧瑟处，有风雨雷电，也有晴空万里。对此苏轼已学会了淡然处之，留下"呵呵"一笑，挥一挥衣袖，拄杖素履而过！

03　且陶陶、乐尽天真

生活不止诗和远方，还有更多眼前的苟且。

苏轼好不容易在黄州熬出了头，重返京城，没想到好景不长，哲宗即位后，新党人又开始翻旧账，想重新把苏轼送上乌台。惹不起咱躲得起，苏轼再次挥别京城，四海为官，归隐的思想又在脑海中浮现。

或许，像老师欧阳修一样，做个与世无争的"六一居士"也是一个不错的选择。

行香子·述怀

苏轼

清夜无尘，月色如银。酒斟时、须满十分。浮名浮利，虚苦劳神。叹隙中驹，石中火，梦中身。

虽抱文章，开口谁亲。且陶陶、乐尽天真。几时归去，作个闲人。对一张琴，一壶酒，一溪云。

夜色如水，不染尘埃；月色如银，一片冰心。苏轼斟满了一杯美酒，敬天，邀月，谢清风，忘却孤独，与世无争。

《庄子》中曾说过："人生天地之间，若白驹之过隙，忽然而已。"

204

孔夫子也站在江边慨叹："逝者如斯夫，不舍昼夜。"

美好的时光稍纵即逝，一去不复返。人生短暂，犹如石火，炯然而过。

世事无常，荣华富贵乃身外之物，生不带来，死不带去，又何必苦苦追求不放呢？正因为苏轼对一切都看得很开，所以才萌生了返璞归真、归隐田园的心愿。

苏轼虽满腹经纶，妙笔生花，却壮志难酬，无处施展。知音难觅，仕途坎坷，他也曾无奈地一耸肩："这些年，我真的太难了！"

可是难就要放弃吗？苦就要逃避吗？

错！活着就有希望，活着就要快乐。

既然改变不了现实，那就改变自己。苏轼放下个人得失，纵情山水，饮酒弹琴，亦可陶陶然、悠悠然。

他曾在《减字木兰花》中说过："不如归去，二顷良田无觅处。"

想实现心灵的安静与欢悦，最好的方式莫过于远离官场的尔虞我诈，红尘的是非恩怨，回归田园隐居，过与世无争的生活，做自由自在的自己。

几时归去？没有归期。苏轼一生都在入仕和出仕之间徘徊。他想乘风归去，又有太多羁绊和不舍，所以归隐只能是黄粱美梦，难以实现。

做个闲人不好吗？

他又想起当年和张怀民在黄州承天寺月下漫步的情景，其实也还不错。至少还有月，还有酒，还有张怀民。

难道苏轼真的要摆烂躺平，甘心做一个闲人吗？

如果真是这样，他为什么要离开阳羡的乐土，去遥远的山东登州赴任？虽只做了短短五天的太守，却为当地百姓做了一连串的实事。

如果真是这样，他早就在三党之争时告老还乡，何必又要去杭州、颍州复任？修西湖，筑苏堤，忙得不亦乐乎！

如果真是这样，他在惠州、儋州完全可以醉生梦死，为何还要开学堂、修水利，做一个闲不住的东坡先生？

他曾经有过失望，但从没有因此绝望。

放下的是杂念，挑起的是重担。山高水长，恒心以往！

第三章
人间谁敢更争妍

01　暗香残留

宝剑锋从磨砺出，梅花香自苦寒来。苏轼身处黄州，就像那路边备受苦寒又无人问津的梅花，无意苦争春，总被群芳妒。但它仍然凌风傲雪不低头，散发香如故。

红梅三首（其一）

苏轼

怕愁贪睡独开迟，自恐冰容不入时。
故作小红桃杏色，尚余孤瘦雪霜姿。
寒心未肯随春态，酒晕无端上玉肌。
诗老不知梅格在，更看绿叶与青枝。

这是一首咏梅的七言律诗，语言清丽自然，格调高雅不俗。

苏轼笔下的红梅，就像一个心事重重的美人，总怕自己的容貌不合时宜，所以内心忧虑，贪恋酣梦，结果误了开花日期。

梅花一般多为白色，但为了引人注目，她故意将自己打扮成和桃杏相似的粉红色。但这只是情非得已的装饰，它的筋骨还保持着原有的细瘦挺拔，"雪霜姿"三字就突出了梅花笑傲风雪、凌寒独开的飒爽英姿，也暗示了诗人遗世独立的高雅品行。

梅花虽然粉饰了外表，但内心还如冰雪一样澄澈，似冰玉一样纯洁，不为世俗所染。纵使初绽桃红，也如美女醉后脸上浮起的红云，娇羞无比，媚而不妖。

有人对此表示不满，开始用各种世俗的语言来批评指责梅花，苏轼则勇敢地为梅花鸣不平。世人只看外表，不重内涵，仅从花的颜色及枝叶的特点来区分梅花与桃杏；而真正懂梅花的人，会挖掘出梅的内在精神，感悟梅的真谛，重颜色更重情操。

梅作为花中君子，一直被古往今来的诗人赞颂。陆游赞其"雪虐风饕愈凛然，花中气节最高坚"；张孝祥赞其"人间奇绝，只有梅花枝上雪"；林逋赞其"疏影横斜水清浅，暗香浮动月黄昏"；王冕赞其"不要人夸好颜色，只留清气满乾坤"；毛泽东赞其"俏也不争春，只把春来报"。

梅花高洁，坚贞，美而不媚，艳而不妖，雅而不俗。而苏轼身处逆境，不畏风霜，正像他笔下的梅花一样，志向高远，初心不变。

不与桃杏争春色，盘虬璀璨出斜枝。

苏轼写了很多咏梅的诗，有的自我勉励，有的赠给好友，还有的怀念已故的侍妾王朝云。朝云从十二岁就一直跟在苏轼身边，是他的红颜知己，也是陪他最长久的伴侣。然而岭南的瘴毒肆虐，无情地夺走了她年轻的生命，苏轼孤独地站在寒月下，看着湖边斜逸的梅花，似乎又看到那可爱柔美的女子对他嫣然一笑。

西江月·咏梅

苏轼

马趁香微路远，沙笼月淡烟斜。渡波清彻映妍华。倒绿枝寒凤挂。

挂凤寒枝绿倒，华妍映彻清波。渡斜烟淡月笼沙。远路微香趁马。

词的上片写出了梅的风韵不俗。前两句由动到静，烘托出梅花生长的清幽氛围。马蹄"哒哒"，向远处奔去，只留下一路香气，在风中弥漫，让人陶醉。月光在如纱的云雾笼罩下倍显朦胧，柔柔地斜靠在天际，洒下淡淡如水的清辉。这缥缈若仙境，也暗示着是朝云将要归去的地方。

"渡波清彻映妍华，倒绿枝寒凤挂"二句，词人的视角由远处又移到了近处，由低处又转到了高处。小河清澹，流水潺潺，映着岸边梅花的倩影；绿柳倒垂，么凤鸟在枝头栖息，与旁边的梅花静静地做伴。词人没有对梅花着太多笔墨，而是借用梅影来凸显它的傲然独立，用垂柳衬托它的姿态挺拔，又以月光雾霭当背景，更有种"疏影横斜水清浅，暗香浮动月黄昏"的韵味，让人如痴如醉。

　　而词的下片，则采用回文的手法，将上片的词一句句一字字倒叙，梅花似乎离我们越来越远，但在清江明月的衬托下，又别样清晰。结尾的"远路""趁马"暗示朝云已经永远地逝去，可是"微香"尚存，思念还在，言有尽而意无穷。

　　苏轼的这首回文词，既表现了他对梅花的赞颂，又抒发了对朝云的爱怜与怀念，回环往复，如歌如诉。词中有淡淡的不舍，却没有浓浓的悲痛，更多的是回眸与仰望，天国的女儿已来到一个全新的世界，她的香气却萦绕在苏轼的心中，永远都不会散尽。

02　落花有意，流水无情

　　苏轼喜赏花，爱品酒，也善品茶。闲暇之时，他还亲自煮茶招待好友，共品香茗。得来新茶，他也不忘与友人共享，别有一番情趣。

　　在黄州，苏轼与太守徐君猷结为好友，而徐太守有个美丽的歌伎名唤胜之，深受太守青睐。听胜之说，她的祖上也是达官显贵，有着高贵的血统，只可惜她生不逢时，沦落风尘。苏轼爱慕其才貌双全，怜悯其身世不幸，特意送她好茶与泉水，并写词记之。

西江月

苏轼

送建溪、双井茶，谷帘泉与胜之。胜之，徐君猷家后房，甚丽，自叙本贵种也。

龙焙今年绝品，谷帘自古珍泉。雪芽双井散神仙，苗裔来从北苑。
汤发云腴酽白，盏浮花乳轻圆。人间谁敢更争妍，斗取红窗粉面。

　　"龙焙"又称建溪茶，源于福建建州的皇家茶叶园林"北苑"，是茶中的绝品。

"谷帘"指的是庐山康王谷瀑布，其状如帘，清冽无比，被茶圣陆羽赞为"天下第一"。

苏轼将珍贵的龙焙茶与谷帘水一并送给一个歌女，可见胜之在其心中的地位非同寻常。

"雪芽"产于四川峨眉，是苏轼老家的特产；而"双井茶"源于黄庭坚的家乡江西修水，也是有名的贡茶之一。但"散神仙"三字却指出这两种茶叶虽好，也不能与龙焙相提并论。而"苗裔来从北苑"一句是说人间好茶世代多源于北苑，更突出了龙焙茶的与众不同。

词人一语双关，既称赞了茶，又暗示胜之出身高贵，气质脱俗，其他歌伎不能与她同日而语。

在上片中，词人对胜之的怜爱之情溢于言表，而词的下片则通过描述胜之煮茶时的情形，进一步表达了词人对龙焙茶及胜之的赞颂之情。

胜之不仅会唱歌弹琴，煮茶也是好手。苏轼淡化了煮茶的过程，而是由煮出来的作品来侧面烘托胜之煮茶技艺的高超。"汤发云腴酽白，盏浮花乳轻圆"生动形象地写了龙焙茶用谷帘水煮出来的茶汤洁白如云，细腻柔滑，杯盏中浮起像乳汁一样的茶花，星星点点，轻轻圆圆，宛若散落的小珍珠。水与茶完美交融，再配上精美的茶具，更显雅致脱俗，香气扑面，沁人心脾。

而最后两句"人间谁敢更争妍，斗取红窗粉面"则是借茶喻人，词人大胆地运用对比与夸张的手法，既写出了龙焙茶的妙绝无双，胜之煮茶技高一筹，又暗中赞美了胜之的美貌绝伦，气质超群，爱慕之情过于露骨。

苏轼倾心胜之已久，但又不好夺人所爱，只好送礼物和诗词讨其欢心。当徐太守要去湖南时，将胜之等几个歌伎都留在了黄州。苏轼也有心纳之为妾，怎奈落花有意，流水无情，胜之并没有看中苏轼这个"三无"罪官，怕和他一起过苦日子，后来找个有钱的人家嫁了，再见苏轼竟然形同路人。苏轼爱了个寂寞，但这份爱美之心，还是被后世传为佳话，而这首咏茶词，也因为有了暗恋而更显回味无穷。

03　任尔东西南北风

苏轼一生爱花爱茶更爱竹，曾在诗中云："宁可食无肉，不可居无竹。无肉令人瘦，无竹令人俗。"他不仅赏竹、画竹、写竹、颂竹，还以竹为良师益友，从它的身上不断领悟做人的道理和处世的智慧。

霜筠亭
苏轼

解箨新篁不自持，婵娟已有岁寒姿。

要看凛凛霜前意，须待秋风粉落时。

"箨"是笋皮的意思，"解箨"意为竹笋脱壳。"新篁"是指新竹，"解箨新篁不自持"生动形象地写出了新竹刚从青笋中破壳而出时娇嫩柔弱、难以自持的样子。因为它还是幼年的竹宝宝，身材偏瘦，根基不牢，随风轻摆也是正常。

第二句中的"婵娟"不是指月亮，而是将新生的翠竹比喻成美人，外表柔弱，但已有傲霜的雅姿，不可小觑。

要想看竹子傲然独立、不畏严寒的姿态，还要等到秋风萧瑟、百花凋零的时候，到那时它不仅亭亭玉立，临风不乱，还敢于傲霜迎雪，可折不可辱。此句与"岁寒，然后知松柏之后凋也"有异曲同工之妙，突出了竹子的高洁情操。

竹子的成长过程并不容易，地下的竹笋要遇到合适的生长环境，吸收足够的水分和养料，才会破土而出。然后这些幼竹就像刚睡醒的宝宝一样，伸着懒腰从笋壳中慢慢钻出，在充足的阳光、适宜的温度和湿度等多种条件作用下，一边不断地向下扎根，一边努力地向上生长。这时的竹子比较脆弱，生长速度却快得惊人，每天都可长几十厘米，让许多老前辈都刮目相看，慨叹后生可畏。

苏轼不仅爱写竹也爱画竹，他认为画竹必先成竹在胸，执笔熟视，见所欲画，振笔直遂，追其所见，如兔起鹘落，即刻而成。

东坡先生的绘画作品独具风格，可流传到后世的真迹却少之又少。目前市面可见到的真品只有《枯木怪石图》和《潇湘竹石图》两幅，比大熊猫还要稀有珍贵。其中《潇湘竹石图》现藏于中国美术馆，《枯木怪石图》曾流落到了日本，2018年被一名港商以4.636亿港元高价买回。

仔细观赏东坡先生的画，我们会发现他笔下的竹子并不完美。它们生长在乱石丛中，枝条稀疏，也不高直，却倔强地迎风而立，别有一番傲骨。

这是东坡先生乌台诗案后被贬黄州时的作品，画中暗示了他窘迫艰难的处境和顽强不屈的品格。

这一点，东坡先生和板桥先生很像，仕途不顺，但志向不移。心系苍生，一枝一叶总关情；根扎山岩，咬定青山不放松！

在苏轼眼中，竹子有许多用处。它可做房屋，可制小船，可生薪火，可做美食，可入画，可入诗，可入口，可入心，真是人间难得的好宝贝。

然而当他来到岭南时，看到当地人广泛用竹，却又并不重视竹子，于是挥笔写下一篇《记岭南竹》为其鸣不平，声称："真可谓一日不可无此君也耶！"

东坡先生一生爱竹、怜竹、咏竹，并把自己也活成一株翠竹，不断成长，不断坚强。千磨万击还坚劲，任尔东西南北风！

第四章
人间有味是清欢

01　又得浮生一日凉

被贬黄州后的苏轼成了一个闲人，常常一个人在野外散步，吹吹风，看看景，静静心，养养眼。这一天，他来到一处村落，因为昨夜刚刚下过一阵雨，所以空气格外清新，连风中都弥漫着花草的香气。苏轼沿着乡间小路，拄杖徐行，心情格外清爽。

鹧鸪天·林断山明竹隐墙

苏轼

林断山明竹隐墙，乱蝉衰草小池塘。翻空白鸟时时见，照水红蕖细细香。

村舍外，古城旁，杖藜徐步转斜阳。殷勤昨夜三更雨，又得浮生一日凉。

阳光，和风，远山，白云。苏轼安步当车，素履前行。

放眼远眺，郁郁青青的树林尽头，是苍翠的山峦起伏；收回目光，碧绿的竹林后可见隐隐的围墙。一间不大的茅草屋被竹林温柔地包围着，又为其增添了一抹清幽。

屋舍旁边有一方小小的池塘，里面长满了衰草，青蛙时隐时现，时而对着高处的鸣蝉热情地问候几句，时而又跳入水中练习新学的泳姿。

这个地方很偏僻，甚至有点儿荒凉，但也别样安静。苏轼突然想钓几条大鱼回家，可惜没带鱼具，只好摇着头继续前行。几只水鸟在水面上自由翔集，池中的荷花开得正艳，淡淡的香气幽幽地传来，苏轼停住了脚步，仔细地观看。

再小的池塘中也有美丽的荷花，哪怕四周荒草丛生，她也要圣洁绽放，果然是出淤泥而不染啊！

苏轼看着荷花，心中不觉一片晴朗，仿佛自己也变成一朵菡萏，盛开出洁白的花朵，与天上的白云遥相辉映。

人为什么总会不开心？因为想得太复杂，欲望无止境！

如果能变成一只鸟，一朵花，一片云，一条溪，无欲无求，怡然自得，那将是一件多么开心的事啊！

时间的沙漏无声无息，又从未停止，转眼间夕阳在山，而苏轼还拄着拐杖去意皆无，漫步在村舍外、古城旁，悠然地看着斜阳温柔的笑脸，仿佛在看一个老朋友，又似乎在对视另一个自己。

"夕阳无限好，只是近黄昏。"而苏轼也已人到中年，想到自己理应如日中天，建功立业，没想到却提前打开垂老模式，终日百无聊赖，心中不免又多了一抹凄凉。

斜阳的背后是孤独，是无聊，是感伤，是悲凉，是东坡先生的失意与无奈。

唐代诗人李涉曾在诗中说："又得浮生半日闲。"苏轼巧改了两个字，却展现出不同的心境。

堂堂百年第一的苏贤良，竟然在二十年之后变成一个罪官，真是造化弄人！

闲为闲适，凉为清凉，本应是一件喜事。可苏轼不甘心总做一个闲人，天天坐冷板凳，一个"又"字诉尽了内心太多的委屈、无奈和自嘲。

苏轼漫步于乡间小路，看似兴致正浓，实则百无聊赖。细品这首词，我们会发现此时的苏轼和承天寺月下漫步的闲人相比更孤独落寞，又怎一个"凉"字了得？

02　美男子，谪仙人

1101 年四月，重获自由身的苏轼返回常州途中，和好友刘安世等人再登庐山，并拜访了山中道友王友道。大家重游栖贤寺，坐观激玉亭，苏轼看王友道相貌堂堂，气质不俗，怕他动了凡心坏了金身，于是作词劝勉。

临江仙·赠王友道

苏轼

谁道东阳都瘦损，凝然点漆精神。瑶林终自隔风尘。试看披鹤氅，仍是谪仙人。

省可清言挥玉尘，真须保器全真。风流何似道家纯。不应同蜀客，惟爱卓文君。

很多修道之人，清心寡欲，气质脱俗，王友道就是其中的一个。他相貌俊朗，玉树临风，目光炯炯，神采奕奕，妥妥的美男子一枚。

和沈东阳之类的文人相比，王友道并没有因为公务缠身而日渐消瘦，而是元气满满，身轻体健，走路快似轻风，满面春风得意。

远离红尘喧嚣的王友道心静如水，非常人可比。他穿上道服，身披鹤氅，手持拂尘款款而来，宛如仙人下凡，令世人皆惊叹不已。

还记得《三国演义》中"三顾茅庐"的场面吗？诸葛亮与刘备第一次见面时穿的就是鹤氅，飘飘然有神仙之概，一下子就把刘皇叔给迷住了。而王道士也是如此打扮，宛如被贬谪到人间的神仙。要知道"谪仙人"可是世人对李太白的赞誉，而苏轼竟把王道士也比作谪仙人，可见其道骨仙风、遗世独立的气质无与伦比。

王友道风度翩翩，谈吐不俗，一定会有许多女粉丝倾慕追求。道士如果接近女色，必定元气大伤，所以苏轼也暗自担心，怕他一失足成千古恨，于是借此词好言相劝。

"省可清言挥玉尘，真须保器全真。"苏轼写小纸条友情提示：朋友，你一定要保护好自己的身体和元气，莫让红颜迷惑本心。

紫陌红尘虽好，但不可随意风流。男欢女爱的缠绵情愫，怎比得上道家的思想纯真？

当年司马相如以一曲《凤求凰》获得了卓文君的芳心，并不顾岳父反对与其私订终身。二人私奔后难以维持生计，只好当街沽酒。

可怜满腹才学的司马相如，每天系着围裙，混在一群伙计中洗刷杯碗，变成了"家庭煮夫"一枚。如果不是岳父心疼女儿，向他们伸出援助之手，恐怕他这辈子都难有出头之日了！

苏轼巧借司马相如和卓文君的故事，委婉地劝告好友不要为情所困，重蹈覆辙，道士也要过好美人关。

苏轼虽然自己难圆成仙梦，但如果好友能修炼出正果，他也同样会为其感到高兴。王友道会不会接受苏轼的建议不得而知，但那都不重要，我们看到的还是快言快语、真心真意的苏轼，一生都没有改变，足矣！

03　平平淡淡才是真

苏轼曾说过："迁客不应常眊睐。"

仕途不畅，不应总怨天尤人。不以物喜，不以己悲，似乎过于圣人化；及时行乐，活在当下，凡人也可从中获得更多的惬意和自在。

浣溪沙

苏轼

元丰七年十二月二十四日，从泗州刘倩叔游南山。

细雨斜风作晓寒，淡烟疏柳媚晴滩。入淮清洛渐漫漫。

雪沫乳花浮午盏，蓼茸蒿笋试春盘。人间有味是清欢。

元丰七年初冬，苏轼和友人刘倩叔一起登游南山。南山是泗州一座秀丽如画的山峰，被书法家米芾誉为"淮北第一山"，苏轼与好友拾级而上，虽然寒意扑面，但二人兴致正浓，这点儿冷并不算什么。

细雨蒙蒙，斜风依依，上山时天公并不作美，但幸好风雨并不是很大，念着"斜风细雨不须归"的诗句，苏轼与老友乐呵呵地向山上走去。

半路上，苏轼向老友讲着自己在黄州沙湖路上遇到大雨滂沱时的囧事："虽然我也被浇成个落汤鸡，但我不像他们一个个愁眉苦脸的，而是神态自若，吟啸徐行。你说，那天那么大的雨我都不怕，今天这点儿毛毛雨又算得了什么呢？"

老友笑问："那么大的雨，你没淋感冒吗？"

苏轼一笑："怎么没有？回家就是一场大病，害得我躺了半个月，幸好被一个聋人神医给治好了！"

二人说说笑笑，不知不觉天又放晴了。看来人们说的"早晨下雨一天晴"的确有道理，浮云散去，骄阳腾空，雨后的山林更显得清新幽静，让人心旷神怡。

来到山顶，见长空万里，云无留迹；看洛涧入淮，一泻千里。成败得失，都随江水滚滚而去，苏轼的心境就像这碧水云天一样别样开阔。

走累了，二人就坐在山中的凉亭中煮茶。

清风碧竹，一壶香茗，与友共品，何等雅然。

古人对品茶是很讲究的，以将茶泡制成白色为上品。"雪沫乳花"就是指泡茶时上面浮出的白泡，像雪浪，像珍珠，圆润晶莹。

苏轼也是煮茶高手，凡有贵客好友来访，他常亲自煮茶给他们喝。这一次他又施展绝活，动作极其娴熟，老友在一旁认真地观瞧，微笑默叹，点头不已。

茶煮好了，香气淡雅，沁人心脾。老友品了一口，连声称赞："东坡居士的茶，果然是天下一流啊！"

可是苏轼并不满意，他可是个大名鼎鼎的吃货，如此简单地品茶过于单调，于是他又四处转了一圈儿，回来时收获满满。

山中有许多野菜、野果和竹笋，苏轼用泉水将其清洗，又做了个蔬菜水果拼盘，让老友佩服得直竖大拇指。

苏轼和好友在山上野炊，虽无酒肉佳肴，但也有吃有喝，而且茶是好茶，菜是鲜菜，别有一种香甜和野趣。两个好友相对而坐，品着美食，聊着趣闻，多么悠然惬意，多么逍遥自在！

果然，人间有味是清欢。

　　所谓"清欢"表面是指"清淡的欢愉"，实际上是对平凡生活的一种热爱。就像一首老歌中唱的那样："曾经在幽幽暗暗反反复复中追问，才知道平平淡淡从从容容才是真。"

　　欢愉来源于内心的宁静与淡泊，不争名逐利，不逞强好胜，无欲无求，反倒自得其乐。

　　我们每天的生活节奏太快，快得仿佛停下来就要被这个世界淘汰。但正因为如此，我们无暇去看花儿的笑脸，去听鸟儿的歌唱，却总是为生活中一些鸡毛蒜皮的小事争执不休，太多的精神内耗让我们身心俱疲，忙得忘了自我，也找不到真正的快乐。

　　清欢，离我们的世界越来越远。

　　那么如何能找回清欢呢？不妨学一学苏东坡，万事从来风过耳，一片冰心映月明。

　　正如林清玄先生所言："清欢是生命的减法，在我们舍弃了世俗的追逐和欲望的捆绑，回到最单纯的欢喜，是生命里最有滋味的情境。"

第五章
我本修行人

01 一屁打过江

苏轼虽然没有遁入空门，但对佛法禅理很感兴趣，常和高僧们说说公案、谈谈禅宗，也有很多意外收获。

有一天，苏轼在家中静坐修禅，自以为大彻大悟，想把这个好消息分享给好朋友佛印，于是就写了四句偈："稽首天中天，毫光照大千。八风吹不动，端坐紫金莲。"言外之意就是自己内心坚如磐石，不会受外物所扰。

字迹晾干后，苏轼将字条放入信封，立即派人给江对岸的佛印送去。没想到很快就收到回信，苏轼打开一看，佛印没有半句赞颂之词，却只写了四个大字："放屁放屁！"

苏轼气得火冒三丈，拿着回信坐着小船急匆匆地就去找佛印算账，一路上还想着怎么和他辩论。可是还没上岸，远远地就看见佛印已经站在对面等候了。

苏轼下船后一脸不满地大声质问："佛印，你到底什么意思？把话说清楚！"

佛印却不慌不忙地指着他哈哈大笑："八风吹不动，一屁打过江！"

苏轼脸一红，惭愧地低下了头："是啊，说什么八风吹不动，人家说句讥讽的话就让我坐不住了，还谈什么心定？惭愧惭愧！"

苏轼和佛印既是挚友又是"损友"，经常相互调侃取笑。但对于江西东林寺的总长老昭觉禅师，苏轼却毕恭毕敬，不敢有半点儿唐突。

据《僧宝传》中记载，总长老法号昭觉，原名常总，十一岁出家为僧，后来做了东林寺第一代住持。苏轼游庐山时，昭觉长老热情陪伴，让东坡先生十分感动，特作诗相赠。

赠东林总长老

苏轼

溪声便是广长舌，山色岂非清净身。
夜来八万四千偈，他日如何举似人。

"广长舌"是指佛的舌头。溪水蜿蜒向前，就像十方诸佛的广长舌，传播着智慧与从容。"山色岂非清净身"则是说青山、流云都如清净身，澄清洁白，不惹尘埃。这两句合在一起，是赞美总长老智慧通达、心性湛然。

"夜来八万四千偈"是苏轼用夸张的手法写出了总长老的刻苦勤奋与悟性极高，让他人望尘莫及，也让诗人自愧不如。而最后一句"他日如何举似人"是指总长老的偈语精妙高深，只可意会不可言传，不知以后又将如何传于世人。

这首诗短短四句，语言浅近，质朴无华，既表达了苏轼对总长老的赞与敬，也流露出诗人的自勉，希望自己有一天也能达到总长老那样超凡脱俗的境界。

02　看山还是山，看水还是水

《五灯会元》中记载有一位禅宗高人，将参禅分为三个境界：第一境界，看山是山，看水是水；第二境界，看山不是山，看水不是水；第三境界，看山仍是山，看水仍是水。

世人又将其从参禅延伸拓展到人生三大境界，一样发人深思。

最初我们认识事物时是用眼睛观察，只看到表面，所以看山是山，看水是水。

随着不断地成长，我们的人生经验和阅历越来越丰富，观察角度不同，结果自然不同。而在此过程中我们又融入了自己的质疑、辨析和思考，许多过去肤浅的认知都被颠覆，所以看山不是山，看水不是水。

而当我们继续修炼，达到心神合一、物我合一、知行合一的程度时，就会找到事物的真相和存在的规律，达到大彻大悟的境界，所以看山还是山，看水还是水。

我们现在多处于第一或第二境界，想要达到第三境界很难，这也是我们一直苦恼、纠结、烦躁、迷茫的原因。

我们经常为了所谓的成功与完美而不断地追逐，结果不但徒劳无功，还身心疲惫。当我们把万事看开，万物看淡，达到超然的境界，那么看山还是山，看水还是水，满眼锦绣。

苏轼一生经历了太多的风浪，也曾苦闷和彷徨过，可是当他从苏轼变成东坡居士后，他的思想彻底转变了，境界也逐渐达到了第三阶段。苏轼在游庐山过程中写下许多诗词，其中有一首诗颇有禅意，也写出了人生的三大境界。

庐山烟雨

苏轼

庐山烟雨浙江潮，未至千般恨不消。

到得还来别无事，庐山烟雨浙江潮。

庐山烟雨蒙蒙，如幻如诗；钱塘江潮起潮落，激情澎湃。如果不能亲眼所见，那真是一件遗憾的事。第一境界为"有梦"，是我们对理想的热切期盼。

而后，我们为了实现梦想，不断努力和拼搏。衣带渐宽终不悔，为伊消得人憔悴。这是"追梦"，乃第二境界。

可是当梦想成真时，我们却发现并没有想象中那么美好，不过尔尔，果真应了"理想很丰满，现实很骨感"的魔咒，二者之间的落差让人不免会心生失望，这就是"圆梦"的第三境界。

而诗人巧妙地让最后一句与首句形成"回文"，与"看山还是山，看水还是水"有异曲同工之妙。

未见山水时，我们眼前的山水是虚幻的、主观的、片面的，带着想象的光环。而这种光环还会因为我们的欲望不断增强而越来越大，让它和本来的样子越距越远。而当我们费尽心血终于与它面对面时，梦想与现实的距离会相去甚远，心理落差也是极大的。但仔细一想，山水并没有变，这就是它的庐山真面目，变的不过是我们对它的期望值罢了。

我们常常会为追求所谓的美好，而忽略了身边一些宝贵的东西。当浮云散尽以后，才发现人间有味是清欢，而那秀美的山、浩渺的水，也都如你所愿了。

苏轼的这首小诗，借物说理，颇有禅意。它不仅让我们感悟到了人生的三重境界，也启示我们认清理想和现实之间的距离，客观看待事物，珍惜当下的美好。

03　离苦得乐

苏轼在《南华寺》一诗中曾说过："我本修行人，三世积精炼。中间一念失，受此百年谴。"意思是说自己几世修行，却因一念之差坠入红尘，结果受了一生的流离之苦，难以静心修身。

当花甲之年的苏轼从海南儋州回来重游金山寺，看到李公麟为自己作的画像时，心中不免又多出几许悲凉，挥笔题诗道：

自题金山画像

苏轼

心似已灰之木，身如不系之舟。

问汝平生功业，黄州惠州儋州。

历经千磨万险，九死一生，苏轼早已心如死灰，这里化用《庄子》中的话，可见他无欲无求的人生态度。

苏轼一生漂泊，就像一只无法抛锚靠岸的小舟，身不由己。回首风雨人生，苏轼有太多的意难平，但当有人问他此生的功业在何处时，他则用调侃的语气说出了"黄州惠州儋州"。这三个地方是苏轼人生的低谷，一个地方比一个地方苦，一个阶段比一个阶段难，但苏轼无论多么落魄，仍能与苦难和解，乐天派的胸襟不言而喻。

这首诗是苏轼去世前两个月时所作，垂暮之年回首过往，他能做到释然、淡然，还有自我调侃的怡然，不得不让人佩服，他已经达到了真正的超然。

回到常州不久，苏轼就染上了痢疾，因诊治不当导致病情恶化，渐渐卧床不起。好友维琳长老特意从杭州前来探望，苏轼再见老友，十分喜悦和激动，并道出了人生的最后一首诗。

答径山琳长老

苏轼

与君皆丙子，各已三万日。

一日一千偈，电往那容诘。

大患缘有身，无身则无疾。

平生笑罗什，神咒真浪出。

苏轼与维琳长老都是丙子年生人，现在屈指一算已经度过了近三万天。如果一天念一千句偈，那么时间就会像闪电一样飞逝而过，哪还有闲心去争论孰是孰非！

人生苦短，不要为身外之物所累，心怀菩提，离苦得乐。

多数的疾病都来源于自身。欲望多了，烦恼就会增加；心情不爽，坐卧不安，必然阴阳紊乱，病患上门。

此时的苏轼又想到西方的鸠摩罗什法师，为了能延续生命，竟让弟子们在临终前为他念长生咒语，但最终还是没有阻拦住他去往西天的脚步。

东坡先生在临终之前，回首自己宦海一生，浮沉不定，到头来万事皆空。没有重返京城，没有修道成仙，没有归隐田园，连余下的书稿都需要让朋友帮忙整理，似乎真的很惨。

但转念又一想，他筑了苏堤，改造了西湖，高建了黄楼，重修了超然台，还写下了大量的诗文，教育了无数的学子，拯救了可怜的弃婴，治好了患病的难民，他在这个世上也留下了很多"鸿爪"，不白活一回！

惠州、儋州都是九死一生的人间地狱，他一个白发老翁竟能硬生生地熬过来，而今又归隐阳羡，躺在自家的床上终老，这就是天意！

他很知足，而知足就会常乐，想到这里，瘦弱的脸上又浮现出满意的笑容。

弥留之际，维琳长老让东坡想着西方极乐世界，可他却摇摇头，说出了人生中的最后四个字："着力即差！"意思是不必刻意求之，顺其自然吧！

不久，东坡先生微笑着闭上双目，驾鹤西游，一代宗师从此与世长辞！

从眉山到京城，从黄州到儋州，苏轼不断地经历人生的蜕变，化身豁达超然的东坡先生。回首向来萧瑟处，他长啸而行，不悲不喜，不疾不徐。万事到头都是梦，一笑人间今古！

尾声：
如果可以为东坡先生画像

如果可以为东坡先生画像，你会将他画成什么样？

一千个人心中有一千个苏东坡，不同的时期应该是不同的模样。

少年苏轼，那时还没有取号东坡，还是一个无忧无虑的读书郎。他应该穿着一件月牙白的长衫，一脸青涩，但又透着率真。手中拿着一本厚厚的书卷，坐在油灯旁耕读不倦。少年的眼神寒亮如星，偶尔会抬头仰望天边的月，上面装载着他的梦。

青年时的苏轼有点儿清瘦，脸上洋溢着傲气和自信，就像一只鸿鹄在空中飞舞，偶尔落足雪泥也并不在意。不过是歇歇脚而已，早晚都将展翅飞去！

而立之年的苏轼骑在骏马上，左牵黄，右擎苍，锦帽貂裘，弯弓搭箭，威风凛凛！可是他的鬓角已经开始斑白，眉宇间流露出一种淡淡的忧虑，望着西北的方向，目光如炬。

满身是血的苏轼，坐在御史台的大牢里，看着食盒里的鱼肉，他心如死灰，泪如雨下。用颤抖的手指握着笔，写下了给弟弟的诀别诗："与君世世为兄弟，更结来生未了因。"

黄州的苏轼苍老了许多，他穿着粗布短衣，扛着锄头，在一片荒坡上耕种。他的身上还有尚未愈合的伤口，额头渗满豆大的汗珠，脸上却洋溢着欣喜的笑容。

那个不知天高地厚的苏子瞻已经死了，一个随遇而安的东坡居士在黄州绝地重生！

他在大雨中安步当车，吟啸徐行；他在月下漫步，自嘲为闲人；他在赤壁泛舟，高歌大江东去；他在江边半夜独坐，拄杖听潮声……

他的脸上充满了无奈、失落、感伤，还有寂寞。看着天边那轮并不丰满的月亮，他的眉头渐渐舒展，表情也越来越平和，就像那波澜不惊的江水，没有一丝涟漪。

重回京城的东坡，身体也渐渐发福。从朝堂中归来的他，快乐得就像一个放学的孩童。脱下官服，敞开衣襟，露出鼓起的大肚皮，一边拍，一边思量着不合时宜的问题。

晚年的东坡，表面上和普通的老头儿没什么区别。一脸沧桑，身材偏瘦，没事时也喜欢拄着拐杖四处溜达，和邻居们聊聊闲天。有时他还会顽皮地在斗笠上作诗，换邻家大姊地里的大萝卜。

但他的眼睛与众不同，历经风雨还是那么明亮深邃，不染杂尘。他的笑声，还是那么明澈爽朗，声振林樾；他的手中，拿着一支笔，或者一本书，或者一封信；当然，也可能是一个烤生蚝，或一盘鲜荔枝，或一杯农家自酿的腊酒……

出门时，峨冠应该经常戴在他的头上，用来遮盖稀疏又斑白的头发，并让他的身材也显得高大了许多。一件粗布的深蓝色长袍，衣襟很肥大，可以掩盖他的"将军肚"，还有那一肚子的不合时宜。

在家里，他可能会摘下帽子，只用一块青巾缠头，或一根玉簪插发，穿着宽大的便服，越简单舒服越好。然后笑呵呵地摇着扇子，坐在桄榔庵里，喝着自己新煮的茶。

而夜里，他也可能一个人偷偷地掩面哭泣，哭他的亡妻，想他的兄弟，念他的朋友，思他的过往，还有那再也回不去的眉山老家，永远实现不了的对床听雨……

泪水打湿了枕头和衣襟，被角被他揉搓得像块破布，痛苦的心脏在瘦弱的胸腔里热烈地跳动着。他太难了，真的太难了！

日出东方时，他又将痛苦深埋于心底，在朝霞的陪伴下又恢复了素日的生机和快乐，和老友们自由谈笑，和百姓们打成一片。

他的皱纹很深，笑容却很灿烂；他走路的速度不快，步伐却很稳健。他老了，心里却永远住着一个少年。

这就是东坡先生的写真，这些都是！

没有一个人会永远笑，也没有一个人会永远哭。

人生就是喜忧参半，这就是所谓的苦乐年华吧？

单纯把苏东坡当作一个文人或官员，只能看到他立体人生的一个侧面。他是一位多面体战神，可以打倒，但就是打不服！

千百年来，东坡先生用真心的笑容、豪放的诗文、豁达的胸襟与超然的精神，照亮了自己泥泞坎坷的路，也指引着我们不计晴雨，无问西东，踏浪而歌，逐梦前行！

尾声：如果可以为东坡先生画像